RICARDO INGLEZ DE SOUZA

O DOGMA DO CARTEL E A SELETIVIDADE

DO DIREITO CONCORRENCIAL BRASILEIRO

RICARDO INGLEZ DE SOUZA

O DOGMA DO CARTEL E A SELETIVIDADE

DO DIREITO CONCORRENCIAL BRASILEIRO

1.ª edição

SÃO PAULO
2022

EDITORA SINGULAR

Dados Internacionais de Catalogação na Publicação (CIP)
(Câmara Brasileira do Livro, SP, Brasil)

Souza, Ricardo Inglez de O Dogma do cartel e a seletividade do direito concorrencial brasileiro / Ricardo Inglez de Souza. -- 1. ed. -- São Paulo : Editora Singular, 2022.

Bibliografia.

ISBN 978-65-86352-64-1

1. Direito econômico 2. Concorrência - Leis e legislação - Brasil 3. Conselho Administrativo de Defesa Econômica (CADE) 4. Monopólios I. Título.

22-128474 CDU-34:336:33(81)

Índices para catálogo sistemático:

1. Brasil : Direito econômico 34:336:33(81)

Aline Graziele Benitez - Bibliotecária - CRB-1/3129

Coordenação editorial *José Carlos Busto*
Diagramação *Marcos Jundurian*
Capa *Dorival Lopes*
Foto da orelha *Alessandro Couto*
Formato *16 x 23 cm*
Tipologia *Times New Roman*
Papel *Off-set 75g/m²*
Número de páginas *170*

Editora Singular
Tel./WhatsApp: 55 11 3862-1242
www.editorasingular.com.br
singular@editorasingular.com.br

Dedico esse trabalho a quem tem os olhos de estrela que me guiam há muito e que me presenteou com as obras mais sagradas que eu poderia desejar, meus amores.

Com você, a beleza ganha cor e o amor significado.

Sumário

Prefácio

Eu sempre entendi – e acredito que muitos outros também entendem – que os cartéis constituem a pior classe de infrações da ordem econômica. Até ler o trabalho do Ricardo Inglez de Souza. Vale deixar claro que uma obra é grande e importante quando nos faz refletir e repensar nossas verdades, saindo da chamada zona de conforto, sobretudo quando desafia dogmas e postulados consolidados e que acabam por se mostrar sem os devidos fundamentos. Aqui está o mérito – e não o único – da obra que tenho a honra de prefaciar.

Ricardo desafiou um postulado, um dogma, uma verdade sabida, que várias leituras ajudaram a consolidar ao longo do tempo. Procurei entender a razão pela qual grandes organismos como a Organização para a Cooperação e o Desenvolvimento Econômico OCDE e a International Competition Network (ICN) também me ajudaram a pensar do jeito agora desafiado. Tudo indica haver pouco mais do que uma convicção, talvez alicerçada em trabalhos de John Connor e Robert Lande que, na verdade, escreveram e falaram sobre cartéis mas não os compararam diretamente com as demais infrações. Além disso, trabalharam com médias e todos sabemos que cada cartel é diferente de outro.

Faltou a investigação empírica, a comparação entre as várias infrações para aquilatar qual é, se for possível falar nisso, a pior delas. Talvez essa convicção venha do fato dos cartéis envolverem múltiplos sujeitos e cada investigação ter o foco dividido em vários atores. Parecia a mim (e a tantos outros) que os cartéis são mais fáceis de investigar e processar porque a prova do conluio é suficiente. Engano. Os cartéis, por terem múltiplos atores, têm múltiplas estratégias, múltiplas defesas, múltiplos documentos, múltiplos depoimentos, talvez múltiplas vítimas querendo suas merecidas indenizações. Quando os processos eram físicos, não raro chegavam a milhares de páginas e dezenas de volumes. Quando Conselheiro, um dos primeiros casos que peguei tinha 17 volumes; na sequência surgiram outros bem maiores.

Ricardo mostrou muito bem que tanto a lei quanto a doutrina não sustentam a premissa de que o cartel é a mais grave das infrações concorrenciais. Fiquemos com o texto constitucional: "A lei reprimirá o abuso do poder econômico que vise à dominação dos mercados, à eliminação da concorrência e ao abuso arbitrário dos lucros". Não há aqui nem na lei "hierarquia" de infrações, apenas a constatação clara de que é preciso ter poder econômico para dele poder abusar. Quanto aos resultados, são sempre os mesmos, ou seja, levam à eliminação da concorrência.

Imaginemos uma situação hipotética de um mercado com um grande agente com 50% do mercado e dois outros agentes, cada um com 25% do mesmo mercado. Os dois menores criam um cartel e o maior pratica uma infração individual. À pergunta sobre qual das situações é mais danosa para o mercado, a resposta que agora me parece óbvia é que se trata de situações basicamente idênticas em termos de prejuízo.

Outro ponto muito bem explicado pelo Ricardo é a instabilidade dos cartéis (que, em tese, fragiliza a infração e diminui o dano); essa infração não pode ser a pior que existe se é a menos estável que existe. Sempre pode existir um dos atores do cartel disposto a denunciá-lo e assim obter os benefícios dessa colaboração premiada e não ser punido após usufruir os benefícios. Mais ainda, o colaborador premiado, sem o ônus financeiro da multa pecuniária, restará em melhor condição que os concorrentes que permanecerem no conluio.

O autor ainda incursiona pela hipótese dos "carteis do bem", ou seja, aqueles cartéis que, longe de prejudicar o mercado, são benéficos para a economia. Obviamente eles não são sempre ilegais, até porque há situações em que são aprovados pelo Conselho Administrativo de Defesa Econômica (Cade), o que também é bem demonstrado pelo autor.

Podem ocorrer (i) situações de crise, como guerras ou desastres naturais (embora em alguns destes já se tenha visto casos de enorme ganância), (ii) casos de pesquisa e desenvolvimento conjunto de produtos (muito comuns na indústria farmacêutica), (iii) uso conjunto de depósitos, armazéns, dutos, silos, tanques, (iv) atendimento a situações específicas em áreas longínquas, etc. Esses itens ficam mais claros quando focamos mercados de produtos homogêneos.

Mas há outro problema salientado pelo Ricardo: normalmente as práticas abusivas são, em essência, permitidas. Até que ponto a diminuição de preços por um agente dominante é lícita e a partir de que ponto o preço é predatório? Até que ponto é possível a uma indústria instituir uma distribuição exclusiva em determinado território e a partir de que ponto essa exclusividade passa a ser contrária à livre concorrência? Até que ponto é permitido a uma indústria sugerir preços de revenda de seus produtos e a partir de que ponto essa sugestão se torna uma imposição e consequentemente uma infração?

A essência do trabalho prefaciado, entretanto, está em demonstrar – e com propriedade – que as infrações têm consequências equivalentes, inexistindo motivo para considerar os cartéis como mais danosos do que as demais. Esta não é uma conclusão teórica pois tem reflexos claros nas prioridades que as políticas públicas e as autoridades de defesa da concorrência devem estabelecer, sobretudo num país tão grande e com recursos tão parcos.

O autor, já perto de sua conclusão, apresenta as medidas práticas que devem corresponder às suas formulações e que não devem aqui ser repetidas para não tirar a expectativa do leitor. Para além dessas medidas práticas, o que cumpre festejar, acima de tudo, é a coragem intelectual de arrostar dogmas conhecidos e seguidos por (quase) todos, inclusive este prefaciador.

Mauro Grinberg

Ex-Conselheiro do Cade, Procurador da Fazenda Nacional (aposentado) e advogado especializado em Direito Concorrencial

São Paulo, Outubro de 2022.

Notas do autor

Esta obra é uma adaptação da Dissertação apresentada, em 2022, perante a banca examinadora na Faculdade de Direito da Pontifícia Universidade Católica de São Paulo, na conclusão do curso de mestrado acadêmico em Direito Econômico Internacional.

A questão aqui posta trata de inquietude que acompanha minha trajetória profissional e de estudos. Nestes vinte e cinco anos de atuação profissional, estudos e discussões em debates nacionais e internacionais, esse é um dos temas que dominou as minhas reflexões sobre a defesa da concorrência.

Qual o fundamento para que se defenda que o cartel é a mais grave infração à ordem econômica?

Quanto mais estudava, mais tinha certeza que esse dogma existia e influenciava as políticas públicas de defesa da concorrência no Brasil, mas, ao mesmo tempo, mais tinha dificuldade para sustentar sua pertinência.

Os estudos acadêmicos do mestrado me permitiram organizar e ampliar meus conhecimentos e trazer de forma sistematizada essa discussão que, entendo, poderá provocar reflexões que irão contribuir para uma melhoria na aplicação da lei de defesa da concorrência.

Essa conquista não é fruto de um esforço individual. Tenho muito e muitos a quem agradecer.

Agradeço inicialmente à Pontifícia Universidade Católica de São Paulo (PUC-SP), que tem me ajudado a ser uma pessoa melhor e mais bem preparada para ajudar o próximo. Agradeço a meus professores da graduação e do mestrado. Em especial, consigno o reconhecimento do valor da confiança do meu orientador, Professor Doutor Carlos Roberto Husek, que ofereceu a oportunidade de concretizar este projeto acadêmico, dedicou parte de seu tempo e deu liberdade para que, por meio de seus apartes e ensinamentos, as ideias aqui expostas pudessem tomar a melhor forma.

Aos Professores do Mestrado, os quais, com sua estatura jurídica e profissional, permitiram que minha experiência perseguisse horizontes mais amplos.

Ao Professor Mestre Henrique Araújo Torreira de Mattos e ao Professor Doutor Eduardo Molan Gaban, teimosos amigos que ajudaram e insistiram para que eu não desistisse de minha vocação acadêmica. Muito obrigado!

Meu agradecimento a Mauro Grinberg, António Aires, Pedro Zanotta, Diogo Coutinho, Rodrigo Zingales Oller do Nascimento, Roberto Domingos Taufik, Marcos Lima e Daniel Elias do Nascimento pela leitura do texto preliminar e sugestões estimulantes e enriquecedoras.

Aos Professores Doutores Celso Fernandes Campilongo, Maria Garcia e Leonor Cordovil, pela crítica precisa e impecável durante o processo de qualificação e defesa da minha dissertação, que me conduziram a oportunas intervenções e resultaram no presente texto.

Vale mais um destaque muito especial para a minha Paula, meu Felipe e meu Luís Eduardo. O carinho de vocês e a compreensão pelas minhas renúncias para poder fazer esse trabalho jamais serão esquecidos e, por isso, amo vocês ainda mais um pouco.

Enfim, meu agradecimento a todos que contribuíram para a elaboração da minha dissertação de mestrado, base desse livro, fazendo aqui menção especial a minha querida mãe, que, com todo seu conhecimento de rábula, ajudou profundamente.

Ricardo Noronha Inglez de Souza

São Paulo, Outubro de 2022.

Lavra, ara, acarinha
que a palavra
é sempre rara
e no direito se aninha,
e traz a passagem do fato
para a expressão significante vizinha.

Carlos Roberto Husek, *O Cavalo da Escrita* (2005)

Hipótese é uma coisa que não é, mas que a gente diz que é para ver como seria se fosse.

Millôr Fernandes

There is nothing so powerful as truth,
and often nothing so strange.

Daniel Webster

Lista de abreviaturas e siglas

AC	Ato de Concentração
CADE	Conselho Administrativo de Defesa Econômica
CF/1988	Constituição Federal de 1988
DEE	Departamento de Estudos Econômicos do CADE
DJe	Diário de Justiça eletrônico
DOJ	*Department of Justice* (Departamento de Justiça dos Estados Unidos da Amércia)
DOU	Diário Oficial da União
EC	*European Commission* (Comissão Europeia)
ENACC	Estratégia Nacional de Combate a Cartéis
FTC	*Federal Trade Commission* (Comissão Federal de Comércio dos Estados Unidos da América)
IBRAC	Instituto Brasileiro de Estudos de Concorrência, Consumo e Comércio Internacional
ICN	*International Competition Network*
LDC	Lei de Defesa da Concorrência
ME	Ministério da Economia
MP	Ministério Público
OCDE	Organização para Cooperação e Desenvolvimento Econômico

OFT	*Office of Fair Trade* (Departamento de Comércio do Reino Unido)
PA	Processo Administrativo
PIB	Produto Interno Bruto
PSI	Programa de Sustentação de Investimentos
PITCE	Política Industrial, Tecnológica e de Comércio Exterior
PBM	Plano Brasil Maior
SBDC	Sistema Brasileiro de Defesa da Concorrência
SDE	Secretaria de Direito Econômico
SEAE	Secretaria de Acompanhamento Econômico
SG	Superintendência-Geral do CADE
STF	Supremo Tribunal Federal
STJ	Superior Tribunal de Justiça
TCC	Termo de Compromisso de Cessação de Prática

Lista de figuras

1

Introdução

Há um postulado consolidado no direito econômico internacional no sentido de que a infração à ordem econômica de colusão entre concorrentes – cartel – seria a mais grave de todas. Embora não se saiba exatamente a origem da premissa, ela tem sido muito difundida e ficou famosa pela Organização para a Cooperação e Desenvolvimento Econômico (OCDE)[1].

Estudos feitos pela OCDE defendem que o cartel é, de fato, a mais grave infração à ordem econômica[2]. Considerando essa assertiva, o cartel ser mais grave implicaria que as demais infrações à ordem econômica seriam menos graves em relação a esta modalidade, por exemplo, aquelas

---

1 A OCDE tem sua sede em Paris, França, e inclui países emergentes como a Coreia do Sul, o Chile, o México e a Turquia. Seu foro é dedicado à promoção de padrões convergentes em vários temas, como questões econômicas, financeiras, comerciais, sociais e ambientais, buscando melhorar o ambiente dos negócios e alcançar melhores práticas internacionais. Em 1948, terminada a Segunda Guerra Mundial, foi criada a Organização para a Cooperação Econômica Europeia (OCEE), como um suporte para a implementação do Plano Marshall. Em 1961, a organização transformou-se na OCDE, conhecida como "Clube dos Ricos", pois seus 38 membros detêm mais da metade do PIB mundial. UOL. Economia. *Entenda o que é a OCDE* – "o clube dos países ricos". Por: Filipe Andretta. 10 out. 2019. Disponível em: https://economia.uol.com.br/noticias/redacao/2019/10/10/etenda-o-que-e-a-ocde-o-clube-dos-ricos.htm. Acesso em: 10 fev. 2022.

2 OECD. *Legal Instruments*. Disponível em: https://legalinstruments.oecd.org/en/instruments/OECD-LEGAL-0452. Acesso em: 2 fev. 2022.

perpetradas por empresas que detêm posição de domínio – monopólios ou oligopólios bem organizados ou estáveis.

A gravidade da infração à ordem econômica é medida pelo efeito sobre o bem-estar. De acordo com esse entendimento, o cartel geraria mais perda para o bem-estar social que as demais infrações à ordem econômica e, ainda, não traria nessa prática argumentos de eficiência econômica compensatória. Por isso, ao contrário de outras condutas que podem apresentar efeitos positivos e negativos sobre o bem-estar, alega-se que o cartel, se bem-sucedido, poderia gerar apenas efeitos negativos. Não haveria, portanto, "cartel do bem". Com isso, defende-se, por exemplo, que o cartel é mais danoso que a venda casada, a fixação de preço mínimo de revenda, a exclusividade seletiva e exclusionária e a prática de preço predatório, ou qualquer outra conduta unilateral.

Não se pretende defender que o cartel seja bom ou pouco lesivo à ordem econômica. Tampouco acredita-se que a empresa com poder de mercado ou monopolista seja, por princípio, ruim ou mereça, *prima facie*, a reprimenda legal.

Pretende-se, nesta obra, avaliar a validade da premissa propagada pela OCDE, confirmar a aderência das políticas públicas de defesa da concorrência a tal postulado e, ainda, se a eventual aderência a este não terminou por criar uma realidade seletiva para o direito da concorrência no Brasil, prejudicando, em última análise, a efetiva busca do interesse público tutelado.

Não se trata de problema fictício ou etéreo. Ao contrário, trata-se de problema real que traz consequências concretas para a aplicação do Direito, para a definição de políticas públicas e para a alocação de recursos públicos.

Por exemplo, com base nessa premissa, as autoridades brasileiras têm concentrado seus esforços e seus limitados recursos no combate ao cartel. Isso se reflete não apenas na difusão de informações voltadas quase exclusivamente ao seu combate, mas alcança também o esforço investigativo e a dosimetria das penas aplicadas.

Nesse sentido, a primeira parte deste livro descreve a premissa, com referências internacionais e nacionais, e identifica seus elementos.

A segunda apresenta evidências de adesão do Brasil a tal postulado e suas consequências. Na terceira, introduzem-se conceitos importantes para que a premissa seja contextualizada e a análise de validade seja bem compreendida. Em seguida, propõem-se algumas reflexões que desafiam ou tentam confirmar a premissa apresentada. Postos esses elementos, faz-se uma proposta de *lege ferenda* e apresenta-se a conclusão.

A metodologia utilizada no desenvolvimento desta obra traz elementos voltados ao desenvolvimento de uma pesquisa aplicada, exploratória e dialética, valendo-se, principalmente, da investigação bibliográfica, documental e da análise de casos concretos.

2

Premissa: cartel, a mais grave infração à ordem econômica

Existe um verdadeiro dogma doutrinário e de política pública que sustenta ser o cartel a infração à ordem econômica mais danosa à sociedade. Embora não tenha sido possível identificar a primeira vez que se mencionou o cartel com essa conotação, são inúmeras as referências internacionais e nacionais neste sentido.

A OCDE[3], já em 1998, considerava que "cartel é a mais grave infração à lei de defesa da concorrência"[4], informação que permanece

---

3 Ser um membro da OCDE constitui um passaporte para a possibilidade de estreitar laços econômicos com as nações mais desenvolvidas e integrar acordos comerciais, uma vez que é tido como dono de boas práticas políticas e sociais. Até janeiro de 2022, o Brasil já aderiu a 103 dos 251 instrumentos normativos da OCDE. Para efetivar o processo, é necessário que o país melhore em reforma tributária e proteção ambiental. Ao entrar, o Brasil será o maior mercado emergente nos padrões da Organização, o primeiro parceiro-chave a se tornar membro e o único país a ser OCDE/G-20/BRICS. O Conselho da OCDE decidiu iniciar discussões sobre a adesão do Brasil. O progresso feito pelo Brasil desde seu pedido de adesão à OCDE será considerado. OECD. *A OCDE e o Brasil*: uma relação mutuamente benéfica. Disponível em: https://www.oecd.org/latin-america/paises/brasil-portugues/. Acesso em: 10 fev. 2022.

4 Na versão original, em inglês: "*Considering that hard core cartels are the most egregious violations of competition law*". OECD. *Recommendation of the Council concerning effective action against hard core cartels*, 1998. Disponível em: https://legalinstruments.oecd.org/en/instruments/OECD-LEGAL-0294. Acesso em: 2 fev. 2022.

na versão mais atualizada de seus documentos[5].

Há quem defenda que a OCDE tenha sido influenciada por estudos relativos ao sobrepreço gerado pelos cartéis, a exemplo do trabalho desenvolvido por John M. Connor ao defender que os cartéis, nos Estados Unidos da América, cobraram, em média, sobrepreços de 18% a 37%; e na Europa, entre 28% e 54%[6]. Referências alternativas, mas com o mesmo viés, surgem em outros documentos da OCDE[7].

Thomas O. Barrett, do Departamento de Justiça dos Estados Unidos da América (DOJ), mencionou, em seu discurso para o Simpósio sobre Aplicação Global da Defesa de Concorrência, da Faculdade de Direito de Georgetown, em 2007, que o cartel "continua sendo o mal supremo do antitruste"[8]. Ele faz referência a um famoso caso envolvendo a empresa Verizon Communications, no qual a Suprema Corte dos Estados Unidos da América afirma que forçar a negociação entre concorrentes pode facilitar o mal supremo do antitruste: a colusão[9].

A International Competition Network (ICN) também defende que cartéis são geralmente considerados entre as infrações mais graves à

---

[5] OECD Legal Instruments. *Recommendation of the Council concerning effective action against hard core cartels.* Disponível em: https://legalinstruments.oecd.org/en/instruments/OECD-LEGAL-0452. Acesso em: 2 fev. 2022.

[6] CONNOR, John M; LANDE, Robert H. The size of cartel overcharges: implications for U.S. and E.U. fining policies. *In: The Antitrust Bulletin*, v. 51, n. 4, 2006, p. 983.

[7] OCDE. *Fighting hard-core cartels*: harm, effective sanctions and leniency programmes, 2002, p. 75.

[8] BARNETT, Thomas O. U.S. Department of Justice USA. *Global Antitrust Enforcement.* Antitrust Division. Presented at the Georgetown Law Global Antitrust Enforcement Symposium. September 26, 2007. Disponível em: https://www.justice.gov/atr/file/519236/download#:~:text=Cartels%20remain%20%22the%20supreme%20evil,we%20know%20to%20be%20the. Acesso em: 2 fev. 2022.

[9] No original, em inglês: "*Moreover, compelling negotiation between competitors may facilitate the supreme evil of antitrust: collusion*". SUPREME COURT OF THE UNITED STATES. *Verizon Communications vs. Law Offices of Curtis v. Trinko*, 540 U.S. 398, 408, 2004. Disponível em: https://www.law.cornell.edu/supct/pdf/02-682P.ZO. Acesso em: 2 fev. 2022.

livre concorrência[10]. O mesmo se escutou da Comissão Europeia (CE). Em discurso para o 3ª Conferência Nórdica de Política de Defesa da Concorrência, o Comissário Mario Monti afirmou:

> O combate aos cartéis é uma das mais importantes áreas de atuação de qualquer autoridade de defesa da concorrência e uma clara prioridade da Comissão. Cartéis são cânceres para a economia de mercado, que é a base principal da nossa Comunidade[11] (tradução livre).

Em diversos outros países das Américas, a adesão a essa premissa é ampla. No Chile, por exemplo, o responsável pela Fiscalía Nacional Económica, Ricardo Riesco, destacou: "reafirmamos nosso compromisso com a perseguição aos cartéis que, sem dúvida, são o pior atentado contra a livre concorrência e afetam os consumidores do nosso país"[12].

---

10 No original, em inglês: "*Cartels are generally considered among the most serious competition infringements*". INTERNATIONAL COMPETITION NETWORK. *Report on Building Blocks for Effective Anti-Cartel Regimes*, 2005. Disponível em: https://www.internationalcompetitionnetwork.org/portfolio/building-blocks-report/. Acesso em: 2 fev. 2022.

11 Discurso na 3rd Nordic Competition Policy Conference. No original: "*Fighting cartels is one of the most important areas of activity of any competition authority and a clear priority of the Commission. Cartels are cancers on the open market economy, which forms the very basis of our Community*". EUROPEAN COMMISSION. Mr Mario Monti member of the European Commission in charge of competition fighting cartels why and how? Why should we be concerned with cartels and collusive behaviour? *3rd Nordic Competition Policy Conference Stockholm*, 11-12 September 2000. Disponível em: https://ec.europa.eu/commission/presscorner/detail/en/SPEECH_00_295. Acesso em: 2 fev. 2022.

12 Na versão original, em espanhol: "*reafirmamos nuestro compromiso con la persecución de los carteles que, sin duda, son el peor atentado contra la libre competencia y afectan a los consumidores de nuestro país*". CHILE. Fiscalia Nacional Economica. *DLC aplica multa de US$ 9 millones a navieras que integraron cartel del transporte marítimo de vehículos hacia Chile*. 24 abr. 2019. Disponível em: https://www.fne.gob.cl/tdlc-aplica-multa-de-us-9-millones-a-navieras-que-integraron-cartel-del-transporte-maritimo-de-vehiculos-hacia-chile/. Acesso em: 2 fev. 2022.

No mesmo sentido é possível identificar manifestações no México[13], na Colômbia[14], no Peru[15] e na Argentina[16].

No Brasil, a realidade não é diferente. Embora a Lei nº 12.529/2011, conhecida como a Lei da Defesa da Concorrência (LDC), não faça distinção nem determine que se priorize o combate aos cartéis, os documentos elaborados pelo CADE, a jurisprudência e boa parte da doutrina abraçaram esse pressuposto.

Por força do Decreto n. 11.779/2008, foi instituído o Dia Nacional de Combate ao Cartel. Poderia ser o dia nacional de promoção da livre concorrência e, assim, abranger tanto o combate aos cartéis quanto a repressão a outras condutas unilaterais que possam ser consideradas anticompetitivas. Porém, o legislador, provocado por esse dogma, preferiu lançar o sinal de que a prioridade é o combate ao cartel.

---

13 MEXICO. *Primera Década de La Comisión Federal de Competencia*. Fernando Sánchez Ugarte, Pascual García Alba Induñate Javier Aguilar Álvarez de Alba, Fernando Heftye Etienne, Martín Moguel Gloria, Sergio Sarmiento Fernández de Lara. Disponível em: https://www.cofece.mx/wp-content/uploads/2018/05/LA-PRIMERA-DECADA-DE-LA-COMISION-FEDERAL-DE-COMPETENCIA.pdf. Acesso em: 2 fev. 2022.

14 PINEDA, Jesús Alfonso Soto; ALMANZA, Camilo Pabón. *La participación de un "no competidor" en un cartel*: experiencias comparadas de Estados Unidos, la Unión Europea y Colombia. The participation of a "non-competing actor" in a cartel: comparative experiences of the United States, the European Union and Colombia. Disponível em: https://revistas.uexternado.edu.co/index.php/derest/article/view/5671/7389. Acesso em: 5 fev. 2022.

15 O presidente executivo do Indecopi (autoridade peruana) Julián Palacín Gutiérrez afirmou: "*Como establece la Ley de Libre Competencia peruana, una de las modalidades más graves de conductas anticompetitivas son los acuerdos entre empresas postoras para no competir*". Tradução livre: "Como estabelece a Lei de Livre Concorrência peruana, uma das modalidades mais graves de condutas anticompetitivas são os acordos entre empresas para não competir". GOB. PE. *En primera instancia, el Indecopi sanciona al "cártel de la construcción" integrado por 33 empresas constructoras y 26 ejecutivos*. 18 nov. 2021. Disponível em: https://www.gob.pe/institucion/indecopi/noticias/558893-en-primera-instancia--el-indecopi-sanciona-al-cartel-de-la-construccion-integrado-por-33-empresas--constructoras-y-26-ejecutivos. Acesso em: 5 fev. 2022.

16 COLOMA, German. *Defensa de la competencia*: análisis económico comparado. Buenos Aires-Madri: Ciudad Argentina, 2003, p. 80.

Nos processos administrativos que tratam de acusações de formação de cartel, é comum encontrar a seguinte afirmação: "Com efeito, grande parte dos países que têm políticas de defesa da concorrência considera o cartel a mais grave lesão à concorrência. Na mesma linha, o Brasil considera a prática de cartel um ilícito grave, passível de severas repressões"[17].

Na doutrina brasileira, há referências a esse dogma, sobretudo em obras doutrinárias mais recentes. Ana Paula Martinez, em seu livro sobre repressão a cartéis, descreve "o cartel como a mais grave lesão à concorrência: 'nossos concorrentes são nossos amigos, o consumidor é o inimigo'"[18]. Caio Mário da Silva Pereira Neto e Paulo Leonardo Casagrande afirmam que os cartéis são os "principais tipos de infrações concorrenciais":

> São as condutas *mais* preocupantes para as autoridades de defesa da concorrência, pois implicam *maior* risco de restrição direta da rivalidade entre dois ou mais agentes que atuam em um mesmo mercado e atendem a um mesmo conjunto de clientes[19] (grifos nossos).

Sobre o tema, José Inácio Gonzaga Franceschini e Vicente Bagnoli defendem:

> Trata-se da conduta anticoncorrencial *mais* prejudicial ao mercado, eis que os efeitos líquidos à sociedade são negativos. Como decorrência da prática ilícita há uma transferência indevida de renda dos consumidores (vítimas) para os prestadores de serviços ou produtores (infratores), de modo exatamente igual ao furto, gerando peso-morto

---

17 Vide Nota Técnica n. 4/2020/SG-TRIAGEM CONDUTAS/SGA2/SG/CADE, p. 9.

18 MARTINEZ, Ana Paula. *Repressão a cartéis*: interface entre direito administrativo e direito penal. São Paulo: Singular, 2013, p. 36. A frase que diz que os consumidores são os "inimigos" ficou mundialmente famosa no caso do cartel da lisina. Nesse caso, um dos envolvidos teria feito essa afirmação. Para mais detalhes: CONNOR, John M. Our customers are our enemies: the lysine cartel of 1992-1995. *Review of Industrial Organization*, v. 18, n. 1, 2001, p. 5-21.

19 PEREIRA NETO, Caio Mário da Silva; CASAGRANDE, Paulo Leonardo. *Direito concorrencial*. São Paulo: Saraiva, 2016 (Coleção Direito Econômico – coord. Fernando Herren Aguillar), p. 107.

> na economia, visto que vários consumidores deixam de adquirir aqueles bens, dado o seu preço mais elevado[20] (grifos nossos).

Flávia Chiquito dos Santos não faz uma afirmação própria, mas na descrição conceitual do ilícito do cartel refere-se ao dogma da OCDE que "considera os cartéis clássicos como a mais grave infração de leis de concorrência"[21].

O ex-conselheiro do CADE, João Bosco Leopoldino da Fonseca, arremata:

> Dentre todas as condutas que resultam em infração à ordem econômica, o cartel é certamente a *mais* grave, justificando-se o *maior* cuidado das autoridades na identificação, na perseguição das empresas envolvidas e na severidade das punições a serem aplicadas[22] (grifos nossos).

Nota-se que não se trata de questionamento meramente conceitual. Longe disso. O objeto do estudo aqui proposto reflete um problema real, que traz consequências reais para a aplicação do direito concorrencial no Brasil, para a definição de políticas públicas e para a alocação de recursos públicos.

2.1 Evidências da adoção da premissa na aplicação da Lei de Defesa da Concorrência no Brasil

Há fortes evidências de que o Brasil tenha aderido ao postulado de que o cartel é a infração mais danosa. Contudo, não há o mesmo nível de evidência para se averiguar a análise ou a avaliação de pertinência para adotá-lo.

Além da doutrina já destacada, identificam-se três aspectos que confirmam a adesão mencionada: (i) alocação dos limitados recursos

---

20 FRANCESCHINI, José Inácio Gonzaga; BAGNOLI, Vicente. *Direito concorrencial*. 2. ed. São Paulo: Thomson Reuters Brasil, 2018. (Coleção Tratado de Direito Empresarial, v. 7 – coord. Modesto Carvalhosa), p. 498.

21 SANTOS, Flávia Chiquito dos. *Aplicação de penas na repressão a cartéis*: uma análise da jurisprudência do CADE. Rio de Janeiro: Lumen Juris, 2016, p. 37.

22 FONSECA, João Bosco Leopoldino da. *O cartel*: doutrina e estudo de casos. Belo Horizonte: Mandamentos, 2008, p. 47.

públicos mais concentrada para a perseguição dos cartéis; (ii) mais casos de cartel são investigados e julgados; e (iii) a dosimetria das penas é afetada por essa premissa, gerando incentivo perverso e estimulando a infração de abuso de posição dominante.

O primeiro impacto é a concentração dos limitados recursos públicos no combate ao cartel. As demais condutas acabam ficando menos visíveis por serem menos difundidas e conhecidas e a alocação de recursos voltada prioritariamente para o combate aos cartéis é bem explícita no Brasil[23].

Antes de apontar as evidências relevantes para o objeto dessa obra, é importante fazer um registro. O fato de o Brasil ter aplicado recursos no combate aos cartéis não é negativo. O Brasil fez um excepcional trabalho nesse sentido[24]. O que se pretende não é desqualificar ou retirar a importância do que foi e tem sido feito no combate aos cartéis, mas questionar a premissa que tem justificado uma desatenção às condutas unilaterais.

Nesse contexto, como exemplo, menciona-se o Decreto n. 11.779/2008, que criou o dia nacional de combate ao cartel. Instituir uma data comemorativa para essa finalidade foi algo emblemático e bastante útil para difundir a política de defesa da concorrência no

23 O Superintendente-Geral do CADE, Alexandre Barreto afirma em rede social que o "O CADE sempre irá priorizar o combate aos cartéis" (vide https://www.linkedin.com/feed/update/urn:li:activity:6965415092490256386/, acesso 20 de agosto de 2022).

24 Assim como a gestão de Gesner Oliveira, então presidente do CADE, foi fundamental para a difusão da cultura da defesa da concorrência em geral, as gestões de Daniel Goldberg, Mariana Tavares de Araujo e Ana Paula Martinez, na extinta Secretaria de Direito Econômica, foi imprescindível para o combate aos cartéis e colocou o Brasil na vanguarda internacional nesse importante capítulo da defesa da concorrência. Importante registrar que quando Mariana Tavares de Araujo e Ana Paula Martinez conduziam os trabalhos da SDE, foi o ápice da estratégia nacional de combate a cartéis. Com muita criatividade e grande impacto, ações como a instalação de mock-ups infinitos, que remetia a uma constante perseguição aos cartéis, o "ternão" nos aeroportos, que tinha um terno gigante com quatro pessoas atrapalhando o fluxo de pessoas nos aeroportos e o gibi da Mônica para difusão do conceito na educação de base, são excelentes exemplos das medidas adotadas.

Brasil. O CADE valeu-se dessa oportunidade para promover a cultura da defesa da concorrência no país. No dia nacional de combate ao cartel, já foram promovidas ações em aeroportos e centros urbanos. As autoridades também fizerem convênio com um dos maiores autores de história em quadrinhos do Brasil, Mauricio de Sousa, para difundir conceitos através de histórias contadas pela Turma da Mônica como o "cartel da limonada".

Figura 1 – Ações do governo para difundir a perseguição aos cartéis no Brasil

Fonte: CADE.

O dia poderia ter sido voltado à promoção da livre concorrência ou o combate às infrações à ordem econômica como um todo, mas a adesão do Brasil ao pressuposto da OCDE induziu as autoridades a selecionar o cartel como foco principal de seus esforços e recursos. Não precisaria ser dessa forma a iniciativa, como, de fato, não o é em vários países que criaram a data para promover a livre concorrência sem restringir a iniciativa ao combate ao cartel, como se vê em Honduras[25], no Panamá[26] e no Paraguai[27].

Nessa mesma data, as autoridades brasileiras de defesa da concorrência costumavam encaminhar cartões postais aos principais executivos do Brasil com "lembretes" sobre a importância de não praticar a colusão entre concorrentes, sem fazer o mesmo para as demais condutas.

Figura 2 – Cartões postais enviados para executivos brasileiros

Fonte: CADE.

[25] HONDURAS. *Comisión para la Defensa y Promoción da la Competencia*. En honor del día Nacional de la Libre Competencia: CDPC desarrolla foro sobre Competencia y Seguridad Alimentaria en Honduras. 8 jul. 2015. Disponível em: https://www.cdpc.hn/?q=www.foro_sem_com2015. Acesso em: 10 maio 2022.

[26] LA ESTRELLA DE PANAMÁ. *X Día Nacional de la Libre Competencia en Panamá*. Por: Joancy Chávez. 20 jan. 2020. Disponível em: https://www.laestrella.com.pa/economia/200120/x-dia-nacional-libre-competencia. Acesso em: 10 maio 2022.

[27] PARAGUAI. *La CONACOM invita al Día Nacional de la Competencia 2021*. 23 set. 2021. Disponível em: https://www.conacom.gov.py/noticias/la-conacom-invita-al-dia-de-la-competencia-2021. Acesso em: 10 maio 2022.

Além do dia nacional de *combate ao cartel*, os documentos oficiais publicados pelo CADE e a atividade das autoridades não deixam margem para dúvidas acerca dessa tendência. O CADE edita ainda guias que trazem orientações para os administrados. Há pelo menos três deles que tratam de questões atinentes a cartéis[28]. Por outro lado, não há nenhum específico sobre condutas unilaterais, por exemplo.

Ainda que o dogma tenha influenciado muitas autoridades de diversos países, não se nota neles a mesma ausência de atenção com as condutas unilaterais na elaboração de guias, como ocorre no Brasil. As autoridades estadunidenses e europeias também já publicaram guias relativos a condutas unilaterais.

Além disso, em pesquisa realizada diretamente junto à base de informações do CADE[29], revisando casos julgados pela autoridade entre 29 de maio de 2012 a 31 de dezembro de 2021, foram identificados 299 casos cujos objetos eram possíveis condutas ilegais. Segundo a classificação atribuída pelo próprio CADE, os casos compreendem as seguintes condutas anticompetitivas: cartel, cartel e conduta comercial uniforme, cartel e conduta uniforme, cartel e conduta unilateral, cartel e tabelamento de preços, cartel em licitação, cartel em licitação e conduta comercial uniforme, cartel em licitação e influência de conduta uniforme, cartel em licitação internacional, cartel internacional, conduta comercial uniforme, conduta comercial uniforme e tabelamento, conduta unilateral, conduta unilateral/*sham litigation,* conduta unilateral (unimilitância) e tabelamento de preços.

Considerando as condutas que podem ser agrupadas como formas de manifestação da combinação ilegal entre empresas concorrentes

---

[28] Disponível em: https://www.gov.br/cade/pt-br/centrais-de-conteudo/publicacoes--institucionais/guias-do-cade Acesso em: 3 fev. 2022.

[29] Consulta realizada com base na Lei n. 12.527/2011 (Lei de Acesso à Informação), através do Serviço de Informação ao Cidadão (SIC). O pedido foi protocolado sob n. 08850.000014/2020-86, e atualizado em 25 de abril de 2022. BRASIL. Poder Executivo. Ministério da Justiça e Segurança Pública. Conselho Administrativo de Defesa Econômica. *Serviço de Informação ao Cidadão (SIC)*. Disponível em: https://www.gov.br/cade/pt-br/acesso-a-informacao/servico-de-informacoes-ao--cidadao. Acesso em: 10 jun. 2022.

(genericamente chamada de cartel)[30] e as que podem ser agregadas como condutas unilaterais de abuso de posição dominante[31], tem-se a figura abaixo

Figura 3 – Comparação da jurisprudência do CADE: abuso de posição dominante vs. cartel

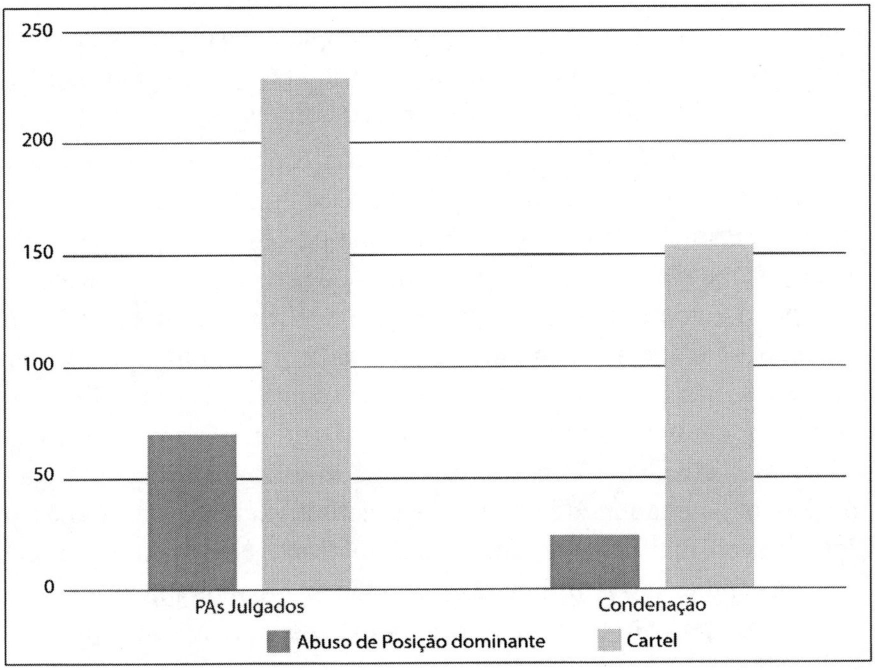

Fonte: Elaboração própria.

30 Foram reunidas as seguintes condutas indicadas pelo CADE: Cartel, Cartel e Conduta Comercial Uniforme, Cartel e Conduta Uniforme, Cartel e Conduta Unilateral, Cartel e Tabelamento de Preços, Cartel em licitação, Cartel em licitação e Conduta Comercial Uniforme, Cartel em licitação e Influência de Conduta Uniforme, Cartel em licitação internacional, Cartel internacional, Conduta Comercial Uniforme e Conduta Comercial Uniforme e Tabelamento.

31 Foram reunidas as seguintes condutas indicadas pelo CADE: Conduta Unilateral, Conduta Unilateral/*Sham Litigation*, Conduta Unilateral (Unimilitância) e Tabelamento de Preços.

Nota-se que há um número bastante maior de processos julgados envolvendo condutas de cartel, ou similar, se comparado ao número de condutas unilaterais de abuso de posição dominante. A diferença entre eles é superior a três vezes, o que pode ser resultado de algumas variáveis, tais como, por exemplo: (i) da existência, de fato, de mais casos de cartel; ou (ii) da existência de mais denúncias contra casos de cartel. Não é possível avaliar precisamente a primeira hipótese. Todavia, há inúmeros aspectos que indicam que são julgados mais casos de cartel porque há mais denúncias de casos dessa natureza, o que não significa inexistência de casos de abuso de posição dominante.

A explicação pode ser que não há, de fato, tantos casos de abuso de posição dominante. Essa hipótese, embora exista, não parece ser a mais provável. Primeiro, do ponto de vista sociológico, seria imprescindível sustentar que o agente econômico com poder de monopólio é menos tendente a cometer infrações que os agentes de mercado cartelizado. Segundo, se o agente econômico é racional e tende a maximizar seus resultados, não há razão aparente para responder de forma diferente simplesmente tendo em vista as condições do mercado em que está inserido. Terceiro, o Brasil propiciaria mais oportunidades para a incidência da conduta de cartel. Esse, definitivamente, não é o caso. Como se verá mais adiante, a orientação concentracionista da economia brasileira indica a possibilidade de incidência igual ou maior de casos de abuso de posição dominante em comparação a casos de cartel.

Portanto, sobra a mais provável possibilidade, qual seja a de que a maior ocorrência de casos de cartel perante o CADE seja resultado do menor número de denúncias de casos de abuso de posição dominante.

Com o cenário atual, as razões para não denunciar um caso de abuso de posição dominante podem ser inúmeras. Dentre elas, destacam-se: (i) há pouca exposição e difusão dos conceitos acerca dessa modalidade de infração à ordem econômica; (ii) aqueles que são vítimas dessas condutas, têm grande dependência comercial do agente infrator, o que não é o caso do cartel; (iii) o CADE raramente aplica medidas preventivas para impedir a continuidade da prática unilateral supostamente ilegal; (iv) o CADE jamais realizou uma busca e apreensão em caso de condutas unilaterais[32]; (v) o CADE aplica metodologia de investigação, em casos de cartel, que facilita a condenação, o que não ocorre nos casos de conduta de abuso de posição dominante; (vi) o acordo de leniência assinado com o CADE, em casos de cartel, auxilia na geração de denúncias; (vii) a dosimetria das multas também pode ser um fator de desestímulo para as denúncias de condutas de abuso de posição dominante.

O tempo de duração do processo também pode ser indicado como um elemento sinalizador da priorização dos casos de cartel. Embora existam diversos casos de cartel nos quais o tempo de duração do processo administrativo seja superior a dez anos, a tendência, especialmente para aqueles iniciados após 2010, é que a duração do processo administrativo de uma investigação de cartel, em média, seja algo entre quatro e seis anos. Já os casos de conduta de abuso de posição dominante duram, em média, de seis e oito anos.

Mas não é apenas na quantidade de casos que se observa a diferença entre eles. A dosimetria da multa também é algo crítico nesse contexto. Embora não seja possível obter a informação sobre o percentual da multa aplicada em todos os casos (muitas têm essa informação tratada como confidencial), há um consenso geral de que casos de cartel terão multas próximas ao percentual máximo permitido pela lei e as condutas unilaterais, multas aplicadas perto do valor mínimo permitido[33].

Essa realidade é resultado de uma evolução jurisprudencial. No início da vigência da Lei n. 8.884/1994, o CADE aplicou multas relativamente baixas (próximas ao patamar mínimo previsto na lei) em decorrência do que foi chamado de período "educativo". Ou seja,

---

[32] O CADE já realizou inspeções em casos de condutas de abuso de posição dominante, mas a inspeção, como se sabe, requer o prévio aviso do acusado.

[33] Segundo o artigo 37 da LDC, no caso de empresa, a infração à ordem econômica resultará em multa de 0,1% a 20% do valor do faturamento bruto da empresa, grupo ou conglomerado obtido, no último exercício anterior à instauração do processo administrativo, no ramo de atividade empresarial em que ocorreu a infração, a qual nunca será inferior à vantagem auferida, quando for possível sua estimação. Casos de cartel, em geral, recebem multas entre 15% e 20%. Já nos casos de condutas unilaterais, a multa fica mais próxima dos 3%.

quando a lei ainda estava em estágio inicial de aplicação mais efetiva no Brasil[34]. André Marques Gilberto observa que, a partir de 2005, o CADE deu um "significativo 'salto'" no parâmetro das multas aplicadas. destacando que aquelas tradicionalmente impostas próximas a 1% chegaram a um patamar superior a 15%[35].

Tomando-se como exemplo alguns casos paradigmáticos julgados pelo CADE, nota-se que a dosimetria das multas se tornou significativamente superior nos casos de cartel, sobretudo após o período "educativo". Esta tem sido a tendência observada na esmagadora maioria dos casos julgados nos últimos quinze anos, nos quais é possível aferir o percentual.

Figura 4 – Dosimetria de multas aplicadas pelo CADE: abuso de posição dominante vs. cartel

Processo	Partes	Conduta	Multa: % sobre faturamento	Ano
08012.003805/2004-10	Ambev	Unilateral (programa "Tô Contigo")	3%	2009
08012.001271/2001-44	SKF	Unilateral (fixação de preço de revenda)	1%	2013
08012.011508/2007-91	Eli Lilly	Unilateral (*sham litigation*)	1% (estimado)	2015
08012.007423/2006-27	Unilever	Unilateral (barreiras no acesso de concorrentes)	0,25%	2018

34 Processo Administrativo n. 08012.015337/1997-48. Nesse processo, o Conselheiro-Relator Ruy Santacruz justificou a aplicação de multa de 1% para as acusadas por entender que "a presente decisão reveste-se de um caráter educativo".

35 GILBERTO, André Marques. *O processo antitruste sancionador*: aspectos processuais na repressão das infrações à concorrência no Brasil. São Paulo: Lex, 2010, p. 282. Ver também Processo Administrativo n. 08012. 002127/2002-14.

08012.011142/2006-79	Anor Pinto Filipi, Associação Brasileira das Empresas de Serviços de Concretagem, Associação Brasileira de Cimento Portland, InterCement Brasil S.A., CCB – Cimpor Cimentos do Brasil S.A., Cia de Cimento Itambé, Empresa de Cimentos Liz S.A., Holcim Brasil S.A., Itabira Agroindustrial S.A., Karl Franz Buhler, Lafarge Brasil S.A., Marcelo Chamma, Renato José Giusti, Sérgio Bandeira, Sérgio Maçães, Sindicato Nacional da Indústria do Cimento e Votorantim Cimentos S.A.	Cartel	20% (estimado)	2014

08012.009888/2003-70	AGA S.A., Linde Gases Ltda., Air Liquide Brasil Ltda., Air Products Brasil Ltda., Indústria Brasileira de Gases Ltda., S.A. White Martins, White Martins Gases Industriais LTDA., White Martins Ltda, Carlos Alberto Cerezine, Gilberto Gailo, Hélio de Franceschi Junior, José Antônio Bortoleto de Campos, Moacyr de Almeida, Newton de Oliveira, Vitor de Andrade Perez e Walter Pilão.	Cartel	25% (a White Martins foi multada em 50%)	2016

Fonte: Elaboração própria com base em informações disponíveis no *site* do CADE.

Nota-se que a dosimetria das multas é significativamente superior nos casos de cartel. Essa tem sido a tendência observada em todas as situações nas quais é possível aferir o percentual.

Tome-se como exemplo o caso da AMBEV, que teve multa aplicada de 3% sobre o faturamento bruto anual da empresa. A prática, de acordo com as informações públicas, durou de 2002 até 2006 (aproximadamente quatro anos). A margem da empresa é alta e hoje ultrapassa 50%[36].

No caso do cartel das padarias de Brasília[37], a autoridade de defesa da concorrência recebeu ofício da Polícia Federal sobre reunião ocorrida no Sindicato das Indústrias da Alimentação de Brasília e na qual os panificadores discutiam um possível alinhamento de preços do pão de sal de 50 gramas. O caso envolveu 18 padarias de Brasília e teve curta duração de alguns meses, "diante da rápida intervenção policial", nas palavras da Conselheira-Relatora, Ana Frazão. A informalidade na contabilidade das empresas pela Conselheira-Relatora a levou a aplicar multa fixa que, em alguns casos, chegou a mais de 20% do faturamento indicado pelas empresas.

Parece inegável que esse cenário está influenciado pela adesão ao postulado da maior gravidade dos casos de cartel. Senão, como justificar ter o CADE aplicado multa de 3% em caso de infração que durou quatro anos e atingiu o mercado nacional de bebidas e, por outro lado, ter aplicado multa de mais de 20% em caso de um acordo de cartel que durou pouco mais de dois meses e se restringiu ao mercado de um bairro do Distrito Federal?

Não bastassem esses elementos significativos, há, ainda, a alteração na legislação que dispõe sobre os crimes contra a ordem econômica. Em 2011, a mudança legislativa aboliu qualquer hipótese de criminalização das infrações de abuso de poder de mercado e manteve apenas previsões para sancionar criminalmente a prática de cartel[38].

Assim, a constatação de que o Brasil aderiu ao postulado sob análise, aplicando seletivamente a legislação de defesa da concorrência, não é fruto apenas desta pesquisa. A própria OCDE, em 2018, no relatório de revisão por pares, indicou:

---

[36] G1. Economia. *Lucro da Ambev mais do que dobra no 1º trimestre e atinge R$ 2,7 bilhões*. 6 maio 2021. Disponível em: https://g1.globo.com/economia/noticia/2021/05/06/lucro-da-ambev-mais-que-dobra-no-1o-trimestre-e-atinge-r-27-bilhoes.ghtml. Acesso em: 6 maio 2022.

[37] PA n. 08012.004039/2001-68.

[38] Lei n. 8.137/1990, especialmente a revogação de incisos do art. 4º e arts. 5º e 6º pela Lei n. 12.529/2011.

> Houve relativamente poucas investigações envolvendo abuso de posição dominante no Cade desde a nova Lei de Defesa da Concorrência e um número ainda menor de decisões por parte do Tribunal. Como parte das ações voltadas para fortalecer as práticas de intervenção contra casos de abuso de posição dominante, o Cade deveria considerar o estabelecimento de coordenações-gerais separadas dentro da SG para investigar este tipo de conduta. Ademais, o Cade deveria dar maior prioridade para as investigações de abuso de posição dominante e recorrer menos às negociações de acordos para concluir casos, a fim de criar jurisprudência neste tema[39].

O CADE de certa forma já reconheceu o fato de dar menos atenção às condutas unilaterais e iniciou um processo para mudar esse posicionamento. Nesse contexto, a SG criou uma unidade especializada em analisar processos relacionados a condutas unilaterais restritivas à concorrência[40].

Como se nota, não há dúvida acerca de adesão do Brasil à premissa internacional e de seus impactos reais sobre a aplicação da legislação de defesa da concorrência, em que pese o recente movimento no sentido de iniciar o processo para reequilibrar o nível de atenção e de recursos dedicados às condutas de abuso de posição dominante.

---

[39] OCDE. *Revisão por Pares da OCDE sobre Legislação e Política de Concorrência*: Brasil, 2019. Disponível em: www.oecd.org/daf/competition/oecd-peer-reviews-of-competition-law-andpolicy-brazil-2019.htm. Acesso em: 28 jul. 2022.

[40] CADE. Notícias. *Superintendência Geral do Cade institui unidade especializada em investigar condutas unilaterais*. Disponível em: https://www.gov.br/cade/pt-br/assuntos/noticias/superintendencia-geral-do-cade-institui-unidade-especializada-em-investigar-condutas-unilaterais. Acesso em: 10 jun. 2022.

3

Inexistência de fundamento legal para a adesão à premissa internacional

Neste capítulo, pretende-se demonstrar que não há base legal para a adesão do Brasil à premissa internacional de que o cartel seria a infração mais danosa à livre concorrência. A análise percorre as diretrizes constitucionais e os dispositivos da LDC.

3.1 A Constituição Federal não dispõe de base legal

Segundo a Constituição Federal de 1988, a livre concorrência é um princípio norteador da ordem econômica (art. 170); não se observa qualquer destaque ao cartel no texto constitucional.

Em seu art. 173, § 4º, especifica-se: "a lei reprimirá o abuso do poder econômico que vise à dominação dos mercados, à eliminação da concorrência e ao aumento arbitrário dos lucros". Trata, portanto, de forma genérica, do abuso do poder econômico, sem qualificá-lo se individual ou coletivo, através de conduta unilateral ou por concerto entre concorrentes.

Diante disso, não se pode depreender da leitura literal ou sob qualquer melhor técnica hermenêutica que esses dispositivos constitucionais podem servir de base para a adesão do Brasil à premissa. Como se verá em seguida, nem o esmiuçar dos conceitos de ordem econômica ou livre concorrência produzirá tal sustento conceitual-legal para a premissa.

3.1.1 A ordem econômica

A ordem econômica será afetada tanto pela prática de um abuso de posição dominante como por um cartel, constatação que parece ainda mais clara quando se compreende o seu conceito. A ordem econômica pode ser entendida como fruto de um conjunto de práticas, sendo, portanto, mero reflexo de uma realidade factual. Mas é mais plausível a tese híbrida de que a ordem econômica é fruto da realidade factual e de uma construção político-normativa. Por ser também fruto de uma construção político-normativa poderia, eventualmente, haver um comando legal para priorizar o tratamento dos impactos do cartel. Como se verá, não é o caso brasileiro.

A atual conformação da ordem econômica é fruto de uma mescla de instituições da revolução burguesa francesa, da formação do Estado de Direito e da evolução do direito comercial, além da realidade do mercado, que exerce influência predominante nas relações e na dinâmica econômica existentes em determinado espaço e tempo.

Importante esclarecer que a formação da ordem econômica observa o "fluxo e o refluxo", o "movimento rítmico peculiar aos fenômenos sociais e econômicos"[41].

Ordem pode ser identificada como paradigma ou direção. A ordem, no período do feudalismo, era ligada aos títulos de nobreza, poder militar e regras de dominação social. O fracasso do sistema feudal fez com que a Europa já não conseguisse produzir o essencial para sua subsistência. Nesse contexto, também foram enfrentadas crises sanitárias[42] e humanitárias. Os intermediários e comerciantes formaram uma classe emergente, a burguesia, que passa a pressionar os senhores feudais e a provocar a reorganização da estrutura de poder. Mesmo com passagens

---

41 HUGON, Paul. *História das doutrinas econômicas*. 7. ed. São Paulo: Atlas, 1942, p. 487.

42 Um exemplo foi a peste bubônica, doença causada pela bactéria *Yersinia Pestis*, cujo contágio se dava pela secreção de outro indivíduo ou contágio por via respiratória e que teria chegado à Europa através de pulgas que ficavam em ratos contaminados. O surto durou quatro anos (de 1347 a 1351) e matou quase a metade da população europeia.

disruptivas, a nova ordem desembocou no fortalecimento das definições de território e a intenção de garantir a transição social. Assim, surgiram regras de soberania, relações internacionais e leis para garantir direitos essenciais à liberdade e à transição social. Entre esses direitos, o da propriedade privada é um dos mais valorizados.

O Estado de Direito alterou o eixo de poder da vontade do rei para a regra do direito, das cartas magnas[43]. Com isso, a sociedade passou a buscar regras para definir suas instituições. Essa tendência normativa e a ampliação de seu espectro alcançou tanto a atuação do Estado, quanto a vida privada na busca da consolidação das conquistas das revoluções burguesas e seus desdobramentos.

Em narrativa utópica, Jürgen Habermas destaca a concepção burguesa sobre a dinâmica e o desejo de liberdade de empreender:

> De acordo com a concepção que a sociedade burguesa tem de si mesma, o sistema da livre-concorrência pode regular a si mesmo; sim, mas só com o pressuposto de que nenhuma instância extra--econômica intervenha no processo de trocas é que ele promete funcionar no sentido do bem-estar de todos e respeitar uma justiça de acordo com o critério da eficiência individual. Tal sociedade determinada apenas pelas leis do mercado-livre se apresenta não só como uma esfera livre de dominação, mas sobretudo como sendo livre de poder; o poderio econômico de qualquer proprietário de mercadorias é concebido dentro de uma escala em que ele não pode ter nenhuma influência sobre o mecanismo dos preços e, em decorrência disso, jamais pode tornar-se efetivo como poder sobre outros donos de mercadorias[44].

Mas a perseguição dessa utopia não se dá por geração espontânea. São necessárias garantias e parâmetros legais fundamentais para que passem a existir as condições para o indivíduo empreender.

---

43 A primeira carta magna que se tem conhecimento foi a assinada em 1215, na Inglaterra, pelo rei João sem Terra. Tratava-se de documento que limitava o poder do rei e garantia certos direitos, principalmente aos nobres.

44 HABERMAS, Jürgen. *Mudança estrutural da esfera pública*: investigações quanto a uma categoria da sociedade burguesa. Trad. Flávio R. Kothe. Rio de Janeiro: Tempo Brasileiro, 1984, p. 99.

A evolução do direito comercial, por outro lado, exigiu a adaptação da sua previsão constitucional[45]. A simples garantia da propriedade privada, que permitia o ato de comércio já não era mais suficiente. Como indica Fábio Ulhoa Coelho, o "ato de comércio" ou o objeto do direito comercial é o exercício de atividade econômica, não se limitando ao comércio *stricto sensu* (intermediação de bens e serviços), mas passava a incluir a indústria, os bancos e o mercado de valores[46]. Rachel Sztajn pontuou que o direito comercial se desenvolveu e passou da *troca* para a *produção*, ainda que traços originários tenham permanecido[47]. As necessidades da vida privada e da dinâmica da produção industrial demandam mais garantias legais.

Nesse contexto, Paula A. Forgioni também observa que o eixo do direito comercial se move. Para ela, *ato de comércio* evoluiu para a complexidade do mercado e da atividade econômica moderna. Desenvolver a teoria do mercado seria o "novo dever" do direito comercial[48]. Na mesma linha, fala-se em "recoser" os valores do direito comercial[49].

Mas o fato é que o eixo se deslocou e, com isso, Washington Peluso Albino Souza destaca o surgimento de um novo conceito importante: o do poder na economia de mercado a partir da criação dos valores de referência – i.e. moeda e crédito[50]. A relação evoluiu, então, para a

---

45 CAMINHA, Uinie; INGLEZ DE SOUZA, Ricardo Noronha. Direito da concorrência e direito comercial – qual a relação? *In: Revista Semestral de Direito Empresarial*, Rio de Janeiro, v. 27, n. 2, p. 1-22, jul.-dez. 2020.

46 COELHO, Fábio Ulhoa. *Curso de direito comercial.* v. 1. São Paulo: Thomson Reuters Brasil, 2021, p. 43.

47 SZTAJN, Rachel. *Teoria jurídica da empresa*: atividade empresária e mercados. São Paulo: Atlas, 2004, p. 22-23.

48 FORGIONI, Paula A. *A evolução do direito comercial brasileiro*: da mercadoria ou mercado. São Paulo: Thomson Reuters Brasil, 2021, p. 136.

49 COELHO, Fábio Ulhoa. *Princípios do direito comercial*: com anotações ao projeto de Código Comercial. São Paulo: Saraiva, 2012, p. 20-31.

50 A questão é colocada de forma sintética. A transição do feudalismo para o capitalismo é muito mais ampla e complexa. Para aprofundamento: HILTON, Rodney; DOBB, Maurice; SWEEZY, Paul *et al. A transição do feudalismo para o capitalismo.* 5. ed. Rio de Janeiro: Paz e Terra, 1977; HOBSBAWM, Eric. *Da Revolução Industrial Inglesa ao Imperialismo*. 5. ed. Rio de Janeiro: Forense, 2003.

economia de mercado. Nesse cenário, surgiu a dinâmica de disputa ou luta pela vida na dimensão econômica[51].

Com (i) o fim da Idade Média e a ascensão da classe burguesa, (ii) o fortalecimento do sistema normativo como paradigma supraindividual para definir comportamentos e (iii) o desenvolvimento da noção fática e jurídica do *mercado*, surge a *ordem econômica*.

Econômica, a ordem orienta a vida na economia. Economia, do grego οικονομία, significa, em tradução literal, *gestão da casa*, hoje refletindo a ciência do conhecimento que estuda, entre outros objetos, as escolhas individuais e as relações entre trabalho e produção.

Trata-se, portanto, também de construção social. Ao contrário do que muitos possam imaginar, a ordem econômica não reflete apenas a imagem de um organismo totalmente autônomo, fruto de uma realidade unicamente factual. Não. A ordem econômica também é criação do legislador que construiu nosso direito constitucional e indica como serão as relações econômicas e os parâmetros nos quais essas relações devem se pautar. Natalino Irti já anunciava a ordem econômica como fruto da vontade política[52]. A intrigante tese do autor italiano, embora lógica e robusta, contraria o discurso coloquial e corrente e define a economia de mercado como criação política, e não algo meramente *natural*. No limite, é a ordem econômica fruto da vontade política traduzida para o direito, resultado da atuação principalmente do Poder Legislativo. E, por ser também criação política, a ordem econômica não é universal, varia no tempo e no espaço, ao longo da história.

Pedro Salomon Bezerra Mouallem e Diogo Rosenthal Coutinho inovam fazendo uma leitura moderna da sociologia dos mercados[53].

---

51 SOUZA, Washington Peluso Albino de. *Primeiras linhas de direito econômico*. 6. ed. São Paulo: LTr, 2005, p. 238.

52 IRTI, Natalino. A ordem jurídica do mercado. *Revista de Direito Mercantil, Industrial, Econômico e Financeiro*. São Paulo, [s. l.], n. 145, p. 44-49, 2007, p. 49.

53 MOUALLEM, Pedro Salomon Bezerra; COUTINHO, Diogo Rosenthal. Arquitetura de mercados como processo social: trazendo o direito para a sociologia econômica institucionalista. *Revista Brasileira de Sociologia*. Sergipe, v. 9, n. 22, p. 111-144, maio-ago. 2021, p. 123.

Utilizando como referência os textos de Steven Vogel[54], descrevem o que chamam de *artesanato do mercado*. Advogam a ideia de que os mercados são "ativamente criados e reformados, o que implica construir instituições e não somente eliminar barreiras ou reduzir incertezas e custos".

Nesse processo de construção da ordem econômica, importante a observação de Walter R. Faria é a de que houve a escolha pela abordagem da concorrência "possível", respeitando o comportamento inerente do agente econômico:

> A verdade é que um certo adensamento e uma maior complexidade do processo econômico no mundo contemporâneo conduziram a que a análise moderna encarasse a concorrência não tanto como uma estrutura, mas como um comportamento. O essencial para a existência de concorrência não era tanto um grande número de compradores e vendedores, mas o comportamento competitivo, ainda que de número restrito[55].

O "perfil jurídico do mercado revela o conjunto de regras e de princípios que pauta o comportamento dos agentes econômicos". Sob essa ótica, pode se dizer que o mercado está lastreado em dois conceitos jurídicos: o do contrato e o da propriedade. A regulação desses institutos jurídicos tem efeito direto na ordem econômica de uma comunidade. Paula A. Forgioni ainda reafirma a lição de que "o mercado é uma ordem porque embasado em comportamentos previsíveis e calculáveis"[56].

Para José Joaquim Gomes Canotilho, o princípio da democracia econômica e social autoriza, constitucionalmente, que legisladores e reguladores adotem medidas necessárias para a evolução da ordem constitucional "sob a óptica de uma 'justiça constitucional' nas vestes de uma 'justiça social'"[57].

---

54 Steven Vogel, titular da cadeira de Política Econômica e professor de Estudos Asiáticos da Universidade da Califórnia, Berkeley.

55 FARIA, Walter R. *Constituição econômica* – liberdade de iniciativa e de concorrência. Porto Alegre: Sergio Antonio Fabris, 1999, p. 59.

56 FORGIONI, Paula A. *A evolução do direito comercial brasileiro*: da mercadoria ou mercado. São Paulo: Thomson Reuters Brasil, 2021, p. 166.

57 CANOTILHO, José Joaquim Gomes. *Direito constitucional e teoria da Constituição*. 7. ed. Coimbra: Almedina, 2003, p. 338.

A ordem econômica prevista no complexo normativo brasileiro é uma orientação para o exercício das liberdades econômicas típicas (direito de propriedade e de contratar, por exemplo), proporcionando garantias, comandos e direções. Segundo Fábio Nusdeo, a previsão da ordem econômica preenche uma fenda "aberta pelo liberalismo" entre política e economia e que "leva o político a se projetar sobre o econômico"[58].

Fábio Nusdeo lembra ainda de que o direito econômico e "a ideia de uma Constituição Econômica" surgiram em Jena, na Alemanha, em 1919. Para ele, é "impensável estruturar-se a Lei Fundamental de qualquer país, sem que nela se abrigassem, pelo menos, algumas diretrizes ou princípios básicos de uma ordem Econômica". Observa, ainda, que a Constituição argentina de 1853-60 incluía "ação regulamentadora governamental, com base na chamada *clausula de la prosperidad*, para fomento da imigração europeia". No Brasil, entre 1906 e 1907, ocorreu o "Convênio de Taubaté", reunião de cafeicultores que procuravam regular atividades cafeeiras e influenciar a elaboração de normas que interferiam na condução da economia em benefício próprio[59].

A finalidade da ordem econômica (direção) é assegurar a todos uma existência digna, conforme os ditames da justiça social. A dignidade da pessoa humana ("fundamento dos fundamentos"), segundo Yun Ki Lee, promove (ou deveria promover) o bem comum e, com isso, direciona o exercício da liberdade de iniciativa de forma a gerar valor para todos[60].

---

58 NUSDEO, Fábio. A ordem econômica constitucional: origem, evolução e principiologia. *In*: NUSDEO, Fábio (coord.). *A ordem econômica constitucional:* estudos em celebração ao 1º centenário da Constituição de Weimar. São Paulo: Thomson Reuters, 2019, p. 28.

59 NUSDEO, Fábio. Coord. *A ordem econômica constitucional*. São Paulo: Thomson Reuters Brasil, 2019, p. 18-23. Essa reunião de empresários poderia ser, dependendo das circunstâncias, considerada um cartel, muito embora a defesa de interesses por grupos de pressão, inclusive elaborando pleitos que restrinjam a concorrência, podem ser considerados como manifestação da pluralidade e democracia de uma sociedade. Para maior aprofundamento: FISCHEL, Daniel R. Antitrust liability for attempts to influence government action: the basis and limits of the Noerr-Pennington Doctrine. *The University of Chicago Law Review*, v. 45, n. 1, 1977, p. 80-22; JORDÃO, Eduardo Ferreira. *Restrições regulatórias à concorrência*. Belo Horizonte: Fórum, 2009, p. 89.

60 LEE, Yun Ki. *Fecho reflexivo na dignidade*: função da livre iniciativa de promover o bem de todos. São Paulo: Dialética, 2021, p. 123.

Mas o conceito de ordem econômica não é isento de polêmica. A expressão "ordem econômica", como disse Eros Grau, é "misteriosa" (ou inútil[61]). Esse "mistério", certamente proposital, traz no vocábulo "ordem" a ideia de harmonia e de algo que já está ordenado, regulado e que funcionaria, como salienta o ex-ministro, segundo "a suposição de que nela se realiza harmonia plena entre capital e trabalho"[62].

Na Constituição Federal de 1988, a ordem econômica está fundada também na valorização do trabalho humano e na livre iniciativa, na linha do que fora suscitado por Eros Grau. Já para Tercio Sampaio Ferraz Junior, "na 'valorização do trabalho humano' repousa uma parte da legitimidade da ordem econômica"[63].

Apesar das críticas, haver uma noção de *ordem* é prudente para que a comunidade[64] tenha uma direção e mantenha seus integrantes o mais

---

61 O ex-ministro faz críticas contundentes à previsão constitucional da "ordem econômica". Sustenta que há inúmeros dispositivos constitucionais que afetam a atividade econômica e que não estão no chamado "Título da Ordem Econômica". Também chama atenção para a incompletude do conceito de ordem econômica constitucional (ou formal) e a falta de previsão da ordem econômica material (do mundo do ser). Não deixa de referir-se a possíveis incompatibilidades de conceitos. GRAU, Eros Roberto. *A ordem econômica na Constituição de 1988*. 17. ed. São Paulo: Malheiros, 2015, p. 86-88.

62 GRAU, Eros Roberto. *A ordem econômica na Constituição de 1988*. 17. ed. São Paulo: Malheiros, 2015, p. 68.

63 FERRAZ JUNIOR, Tercio Sampaio. Valorização do trabalho humano – cf. art. 170. *In*: NUSDEO, Fábio (coord.). *A ordem econômica constitucional*: estudos em celebração ao 1º centenário da Constituição de Weimar. São Paulo: Thomson Reuters, 2019, p. 80.

64 Utiliza-se a expressão comunidade ao invés de sociedade, como na Declaração Universal de Direitos Humanos, como forma de enfatizar a importância de entender a vida, inclusive econômica, fruto da convivência coletiva. OEA. *Declaração Universal dos Direitos Humanos*. Disponível em: https://www.oas.org/pt/cidh/expressao/showarticle.asp?artID=163&lID=4. Acesso em: 15 mar. 2022. Nesse mesmo sentido, é possível mencionar a doutrina de Ferdinand Tönnies que buscou descobrir como a humanidade poderia criar uma ordem social viável, com algum nível de harmonia e satisfação mútua. TÖNNIES, Ferdinand. Community and civil society. *In*: *Cambridge Texts in the History of Political Thought*. Londres: Cambridge University Press, 2001. Para Martin Buber, a comunidade é a origem da relação humana, pois está baseada em proximidade e intimidade, sendo que

alinhados possível no que diz respeito às regras do jogo da economia, sem que isso signifique qualquer dirigismo econômico por parte do Estado. O foco da regra deve ser a linha divisória entre o legítimo e o abusivo, no que afeta ao comportamento do agente econômico. Além disso, é inegável, no Brasil, que a ordem econômica preserva o *interesse institucional*[65].

Ademais, em simetria com as ideias de Natalino Irti, acredita-se que a vida econômica tem seus elementos empíricos, mas também é fruto de construção através de escolhas políticas, feitas por aqueles que, nas democracias, supostamente representam a vontade da maioria.

Destrinchado o conceito de ordem econômica, não há qualquer elemento que traga sustento conceitual e constitucional para que se defenda a priorização da perseguição dos cartéis em detrimento das condutas de abuso de posição dominante.

3.1.2 Livre concorrência

Outra hipótese seria encontrar no conceito de livre concorrência algo que indicasse a pertinência em enfatizar o combate aos cartéis. Tampouco parece ser o caso.

A liberdade comporta o significado da ausência de limitações e coações. A palavra alemã *freiheit* (liberdade) tem origem histórica nos vocábulos *freihals* ou *frihals*. Ambos significavam "pescoço livre" (*frei Hals*), livre dos grilhões mantidos nos escravos[66]. Santo Agostinho afir-

---

o ser humano nasce fruto da comunidade e busca a vida em comunidade (*i.e.* o que é comum) com outros seres de sua espécie. CARVALHO, José Mauricio de. Sobre comunidade. *In: Saberes Interdisciplinares*, Revista do Instituto de Ensino Superior Presidente Tancredo Neves, ano 10, n. 19, jan.-jun. 2017, p. 81.

65 Para Calixto Salomão Filho, o conceito de interesse difuso teria relegado a um segundo plano a diferença entre os conceitos processualistas de interesse difusos e interesses coletivos e o ato afeta, a um só tempo, interesses coletivos e individuais. Referindo-se ao direito alemão, o autor traz o conceito de garantias institucionais e interesse institucional. SALOMÃO FILHO, Calixto. *Direito concorrencial*. 2. ed. Rio de Janeiro: Forense, 2021, p. 55-66.

66 FREITAS, Porfírio. Geórgia Bajer Fernandes de. Verbete Liberdade. *In*: *Dicionário de Direitos Humanos*, 2006. Disponível em: www.escola.mpu.mp.br/dicionario. Acesso em: 28 maio 2021.

mava que a liberdade existe quando "a razão conhece, mas a vontade escolhe. A possibilidade de fazer o mal é inseparável do livre-arbítrio, mas o poder de fazê-lo é a marca da liberdade"[67].

O termo *concorrência* provém do latim *concurrentia*, de *concurrere*, "competir, disputar". No mundo capitalista, a concorrência ocorre quando há uma disputa, por parte de duas ou mais empresas, pela escolha do consumidor, pelo mercado. Segundo Paula A. Forgioni, na Antiguidade a palavra foi usada coloquialmente, e somente a partir do século XVIII assumiu um claro sentido econômico. Segundo a autora, o estabelecimento de regras a serem respeitadas pelos agentes econômicos, "ao contrário do que se pode pensar, são muito anteriores ao surgimento do conceito de livre mercado, entendido como próprio ao sistema de produção capitalista".

A Idade Média pode ser vista como o nascedouro do capitalismo. As corporações de ofício, a incipiente instituição bancária, o crédito, as moedas, tudo somado conforma o embrião das atividades hoje conhecidas como capitalistas.

As corporações de ofício tomaram feições diversas conforme a especialidade ou a região na qual atuavam. Essas organizações surgiram pela "reunião de artesãos com um interesse comum para proteger suas pretensões". Sob a proteção de um santo escolhido, "as corporações de ofício também definiam regras de solidariedade entre seus membros" e "a partir da associação dos agentes econômicos se assemelham às associações atuais ou cartéis"[68].

André Luiz Santa Cruz Ramos afirma que a concorrência é um "estado de coisas, uma situação estática que pode ser capturada e, portanto, controlada ou manipulada" e, por outro lado, prega que seria "um processo dinâmico e incerto de rivalidade e descoberta constantes"[69].

---

67 SANTO AGOSTINHO. *O livre-arbítrio*. Trad. Nair de Assis Oliveira. 2. ed. São Paulo: Paulus, 1995, p. 296.

68 FRANCESCHINI, José Inácio Gonzaga; BAGNOLI, Vicente. *Direito concorrencial*. 2. ed. São Paulo: Thomson Reuters Brasil, 2018. (Coleção Tratado de Direito Empresarial, v. 7 – coord. Modesto Carvalhosa).

69 RAMOS, André Luiz Santa Cruz. *Os fundamentos contra o antitruste*. Rio de Janeiro: Forense, 2015, p. 108-109.

Para Niklas Luhmann:

> a concorrência não é nenhum tipo especial de sistema social, ela é um tipo especial de experiência social. [...] No sistema político, a tese da uniformidade do exercício do poder só foi reforçada no interior do desenvolvimento do Estado moderno, e, com maior razão, a admissão da concorrência por esse poder[70].

Sustenta, ao final, que a "concorrência retira a certeza, e estimula a iniciativa, a motivação, a sensibilidade para as oportunidades"[71].

Richard Posner advoga que a dinâmica concorrencial existente no livre mercado maximiza a riqueza da sociedade:

> [...] o livre mercado, a despeito de quaisquer objeções igualitárias que se possam fazer contra ele, maximiza a riqueza de uma sociedade. Este é certamente um julgamento empírico, mas encontra bases mais sólidas que a afirmação de que o livre mercado maximiza a felicidade[72].

A concorrência não é o concorrente. Embora possa parecer sutil, a livre concorrência defende a dinâmica do mercado e não os interesses específicos em eventuais divergências pontuais e particulares entre empresas[73], conforme esclarece o CADE:

> 246. Veja-se que a Autoridade Antitruste deve proteger a concorrência no mérito, e não o concorrente. Eventuais ganhos inerentes à maior eficiência por parte das empresas não se enquadram como condutas anticompetitivas, não devendo ensejar a atuação do CADE. Desse

---

70 LUHMAN, Niklas. *Sistemas sociais*: esboço de uma teoria geral. Trad. COSTA, A. C. L.; TORRES JUNIOR, R. D. E; CASANOVA, M. A. dos S. Rio de Janeiro: Vozes, 2016, p. 434.

71 LUHMAN, Niklas. *Sistemas sociais*: esboço de uma teoria geral. Trad. COSTA, A. C. L.; TORRES JUNIOR, R. D. E; CASANOVA, M. A. dos S. Rio de Janeiro: Vozes, 2016, p. 436.

72 POSNER, Richard. *A economia da justiça*. Trad. Evandro Ferreira e Silva. São Paulo: Martins Fontes, 2010, p. 81.

73 Para questões específicas entre concorrentes e que não afetem a dinâmica concorrencial como um todo, além de eventuais disposições do Código Civil, sugere-se a revisão da doutrina própria e das disposições do Código de Propriedade Intelectual (i.e. Lei nº 9.279/96, especialmente artigos 195 e ss).

> modo, não me parece razoável interferir no produto final da empresa sob o argumento de proteção à concorrência, quando não caracterizada uma prática danosa em relação ao mercado como um todo[74].

Quanto à epistemologia, concorrência é um termo que comporta inúmeros significados, dentre eles, os indicados por Edwin S. Rockefeller:

> (1) rivalidade, (2) a ausência de restrição imposta por um agente sobre outro, (3) que existe no mercado no qual um comprador ou vendedor individual não influencia o preço por conta das suas compras ou vendas; (4) a existência de uma indústria e mercado fragmentados, preservados por conta da proteção de negócios locais, pequenos e viáveis[75].

Os conceitos explorados por Edwin S. Rockefeller indicam invariavelmente antíteses do conceito de poder de mercado, de dominância. Nenhuma dessas características é exclusiva ou indica prioridade para o combate ao cartel. Com isso, não permitem a sustentação do postulado da OCDE.

A concorrência também pode ser entendida como a relação entre sujeitos econômicos, e ter como "objeto a satisfação das suas

---

[74] PA n. 08012.010483/2011-94; voto do Conselheiro-relator Maurício Oscar Bandeira Maia; 145a SOJ. DOU, 1a Seção, 2/7/2019, p. 50. No mesmo sentido: "102. Importa mencionar, contudo, que não cabe a esta Autarquia a defesa de concorrentes em específico, mas sim do ambiente competitivo como um todo, máxima bastante conhecida no antitruste. Não obstante, isso não significa que práticas que tenham como alvo agentes em particular recebam tratamento de licitude *per se*. É possível que condutas sejam perpetradas contra determinados *players* e, mesmo assim, provocarem dano a todo ambiente econômico, em razão, por exemplo, do porte desses agentes que sofrem a conduta e do nível de competitividade que impõem contra os demais concorrentes e agentes da cadeia de prestação de serviços. Assim, práticas limitadas, condicionadas e não generalizadas podem provocar efeitos danosos, especialmente no sentido de coagir os demais a se comportarem de maneira similar frente à um abuso de posição dominante de um *player* com elevado poder de mercado". IA n. 08700.002060/2015-76; NT n. 31/2019/CGAA2/SGA1/SG/CADE, homologada pelo Despacho n. 15/2019 do Superintendente-Geral; instauração de processo administrativo. DOU, 1a Seção, 9/7/2019, p. 44.

[75] ROCKEFELLER, Edwin S. *Antitrust religion*. Washington: Cato Institute, 2007, p. 30.

necessidades, sendo estas representadas por interesses opostos"[76]. O monopólio seria, *per se*, a antítese da estrutura idealizada pela livre concorrência, ainda que não possa ser considerado ilegal sem que haja um comportamento antijurídico que o qualifique como tal.

Seja a liberdade, seja o ato de concorrer, há elementos essenciais que remetem a direitos fundamentais previstos na Constituição Federal. Para a atividade econômica, a propriedade privada, por exemplo, é essencial. Sem o direito de se dispor dos bens, dar as finalidades (lícitas) que bem se entender, a atividade econômica fica prejudicada. Da propriedade privada também se destaca o direito de contratar ou a autonomia da vontade, esta última, uma faceta do direito à liberdade, essência do Estado de Direito.

Fábio Nusdeo relata a inauguração da preocupação com a *vida econômica* nos textos constitucionais em agosto de 1919, quando "era promulgada a primeira Constituição Republicana do 'Império' Alemão.

Nesse mesmo sentido, a liberdade de concorrer guarda relação com a liberdade de empreender, sem deixar de lado o respeito à valorização do trabalho humano. Assim observam Juliana Oliveira Domingues e Eduardo Molan Gaban:

> [...] liberdade é, sem dúvida, a tônica de nosso Estado Democrático de Direito. Essa liberdade, contudo, não deve se afastar da interpretação constitucional diante de outros valores que ali estão assentados. Isso porque, enquanto princípio fundamental da República, a liberdade de iniciativa vem ao lado e, portanto, possui equivalente força cogente à valorização do trabalho humano[77].

Sérgio Varella Bruna defende que "livre-iniciativa e livre-concorrência são, pois, princípios intimamente ligados. Ambos representam

---

76 SOUZA, Washington Peluso Albino de. *Primeiras linhas de direito econômico.* 6. ed. São Paulo: LTr, 2005, p. 239.

77 DOMINGUES, Juliana Oliveira; GABAN, Eduardo Molan. Livre-iniciativa, livre-concorrência e democracia: valores constitucionais indissociáveis do direito antitruste? *In*: NUSDEO, Fábio (coord.). *A ordem econômica constitucional.* São Paulo: Thomson Reuters Brasil, 2020, p. 113.

liberdades, não de caráter absoluto, mas liberdades regradas, condicionadas, entre outros, pelos imperativos da justiça social"[78].

A liberdade tem também a faceta do consumidor o qual, por sua vez, deve ter mantida sua liberdade de escolha, conforme se observa da manifestação do Tribunal do CADE abaixo reproduzida em trecho:

> 211. Um dos fundamentos do bem-estar do consumidor é a liberdade de escolha por meio da preservação da qualidade e diversidade dos bens no mercado. O antitruste tradicionalmente protege a qualidade e diversidade dos bens no mercado. O que sugiro, no presente caso, e o que se almeja com a restrição proposta é proteger também a liberdade de escolha[79].

A livre concorrência, com todas as densas qualificações de liberdade que comporta, não privilegia a perseguição de uma ilegalidade que a restrinja em prejuízo de outras. Pelo contrário. No cenário de infração à ordem econômica, a liberdade é tolhida em todos os casos em que a ilegalidade é configurada.

No cartel, a liberdade de iniciativa é limitada por acordo entre os agentes cartelizados.

Conceitualmente, a definição de livre concorrência tampouco permite qualquer conclusão de que o cartel deveria ter tratamento prioritário na aplicação da legislação de defesa da concorrência.

Nos casos de abuso de posição dominante, há uma falsa percepção de que não há o que perder por haver, *ex ante*, um monopolista, ou empresa dominante que já estaria se apropria dos excedentes de mercado. Mas, trata-se de falsa percepção. O agente dominante pode impedir o ingresso de novos agentes, com isso, artificialmente manter o preço monopolístico por, assim abusando, tolher a liberdade de novos agentes de ingressar no mercado eliminando, para os consumidores, a introdução de pressão competitiva e novas opções naquele mercado.

---

[78] BRUNA, Sérgio Varella. *O poder econômico* – e a conceituação do abuso em seu exercício. São Paulo: RT, 2001, p. 137.

[79] PA n. 08012.010483/2011-94; voto-vogal (vencido) da Conselheira Paula Farani de Azevedo Silveira; 145a SOJ. DOU, 1a Seção, 2/7/2019, p. 50.

3.2 A Lei de Defesa da Concorrência (LDC) não sustenta a premissa

A Lei de Defesa da Concorrência (LDC) não estabelece distinção que justifique ou fundamente o postulado em análise.

O surgimento da legislação concorrencial remete a casos de abuso de posição dominante. Mesmo fora do Brasil, a legislação com maior história e tradição é a norte-americana[80]. Como registrado por George J. Stigler, a legislação daquele país veio como resposta aos anseios de controlar o exercício de poder de mercado por parte dos controladores das ferrovias e dos *trusts*[81]. Havia uma reclamação de cobrança de preços abusivos nas tarifas ferroviárias, por ausência de concorrência. A grande pressão para a adoção de lei de defesa da concorrência vinha de movimentos antimonopólios. Jamais houve ênfase no combate aos cartéis.

A mesma história se repetiu no Brasil. O decreto-lei nº 869, de 18 de novembro de 1938 é indicada como legislação que introduziu conceitos de defesa da concorrência no Brasil, o autor do projeto que o criou, Nélson Hungria, dizia que:

> As ávidas concentrações capitalistas, o arbítrio dos interesses individuais coligados, a opressão econômica, a artificial desnormalização dos preços, os lucros onzenários, o indevido enriquecimento de alguns em prejuízo do maior número, as 'arapucas' para captação do dinheiro do povo, as cláusulas leoninas nas vendas a prestações, o viciamento dos pesos e medidas e, em geral, as burlas empregadas em detrimento da bolsa popular já não poderão vingar impunemente[82]

Agamemnon Magalhães trouxe como uma das razões para defender uma legislação de defesa da concorrência mais robusta e estruturada o

---

[80] Conhecida como Sherman Act, a lei norte-americana ganhou esse nome em homenagem ao Senador de Ohio, John Sherman. Foi aprovada pelo Congresso daquele País em julho de 1890.

[81] STIGLER, George J. *The Origin of the Sherman Act.* The Journal of Legal Studies, vol. 14, no. 1, 1985, p. 4.

[82] HUNGRIA, Nelson. *Dos crimes contra a economia popular e das vendas a prestações com reserva de dominio.* Rio de Janeiro: Liv. Jacintho, 1939, p. 16.

ocorrido com Delmiro Augusto da Cruz Gouveia[83]. Empresário brasileiro com visão muito vanguardista, fundou uma fábrica de linhas de coser, produziu energia hidrelétrica e desenvolveu outras atividades. Na narrativa é possível identificar uma insinuação de relação entre a morte do empresário e as tentativas de dominação do mercado pela empresa inglesa *Machine Cottons* que detinha a propriedade da linha concorrente (i.e. Linhas Corrente). Fato é que após a morte de Delmiro, a empresa inglesa adquiriu os maquinários e sucateou tudo, jogando em seguida no Rio São Francisco, mesmo local em que encontraram o corpo do empresário[84].

Como se nota, nem a legislação concorrencial norte-americana, nem a brasileira, originaram-se de fatos relacionados a cartéis, pelo contrário, o império da família Rockfeller nos Estados Unidos da América e a *Machine Cottons* no Brasil protagonizaram os estopins das respectivas legislações.

Quanto ao texto da atual LDC, constituem "infração da ordem econômica, independentemente de culpa, os atos sob qualquer forma manifestados, que tenham por objeto ou possam produzir" (art. 36, LDC), ainda que não sejam alcançados, os seguintes efeitos: 1) limitar, falsear ou de qualquer forma prejudicar a livre concorrência ou a livre iniciativa; 2) dominar mercado relevante de bens ou serviços; 3) aumentar arbitrariamente os lucros; e 4) exercer de forma abusiva posição dominante.

Em abstrato, os efeitos elencados no dispositivo da LDC podem ser alcançados tanto em uma situação de abuso de posição dominante, quanto em uma de cartel. O abuso de posição dominante prejudica a livre concorrência e a livre iniciativa; o cartel também. O abuso de posição dominante permite a perpetuação artificial da dominância. O cartel, por sua vez, determina a dominância coletiva. As duas situações

---

83 MAGALHÃES, Agamemnon. *Abuso do poder econômico*: projeto de lei regulando a aplicação do art. 148 da Constituição da República. Recife: Edições Folha da Manhã, 1949, p. 33.

84 A morte do empresário foi polêmica, assim como era sua vida. Não houve solução definitiva do seu caso e até hoje há especulações (vide: https://www.alagoas24horas.com.br/829399/assassinato-de-delmiro-gouveia-completa-88-anos-de-impunidade/, acesso em 21 de agosto de 2022).

geram, ainda que potencialmente, os mesmos lucros supracompetitivos que não existiram na ausência das respectivas infrações legais.

Se houvesse priorização na LDC, seria para o combate ao abuso de posição dominante. O inciso IV trata especificamente da preocupação com a dominância *abusiva* do mercado. No entanto, vale lembrar que a prática de cartel é vista, também, como o exercício de posição dominante de forma *coletiva*.

A LDC indica ainda um rol de condutas concretas que, dentre outras e na medida em que configurem quaisquer das hipóteses previstas no art. 36, caracterizam infração da ordem econômica (art. 36, § 3º, LDC). Nesse rol, estão previstas condutas que podem caracterizar cartel[85] e outras que caracterizam abuso de posição dominante[86].

Quando trata das penalidades administrativas aplicáveis em caso de infração contra a ordem econômica, a LDC não faz distinção entre abuso de posição dominante e cartel. A multa aplicada para a empresa infratora será de 0,1% a 20% do valor do faturamento bruto da empresa, grupo ou conglomerado, obtido no último exercício anterior à instauração do processo administrativo, no ramo de atividade empresarial em que ocorreu a infração, a qual nunca será inferior à vantagem auferida, quando for possível sua estimação (art. 37, I, LDC). Não há previsão legal de multa majorada em caso de cartel. A mesma regra se aplica às demais penalidades, inclusive às pessoas físicas (administradores e colaboradores envolvidos na prática do ilícito) (art. 37, II e III; art. 38 da LDC).

---

85 Por exemplo, Art. 36, § 3º, I – acordar, combinar, manipular ou ajustar com concorrente, sob qualquer forma: a) os preços de bens ou serviços ofertados individualmente; b) a produção ou a comercialização de uma quantidade restrita ou limitada de bens ou a prestação de um número, volume ou frequência restrita ou limitada de serviços; c) a divisão de partes ou segmentos de um mercado atual ou potencial de bens ou serviços, mediante, dentre outros, a distribuição de clientes, fornecedores, regiões ou períodos; d) preços, condições, vantagens ou abstenção em licitação pública.

86 Por exemplo, art. 36, § 3º, III e IX: III – limitar ou impedir o acesso de novas empresas ao mercado; IX – impor, no comércio de bens ou serviços, a distribuidores, varejistas e representantes preços de revenda, descontos, condições de pagamento, quantidades mínimas ou máximas, margem de lucro ou quaisquer outras condições de comercialização relativos a negócios destes com terceiros.

No que diz respeito à dosimetria, a LDC tampouco traz elemento que possa justificar o tratamento mais gravoso ou prioridade aos casos de cartel. A dosimetria deve observar os seguintes elementos:

I. a gravidade da infração;

II. a boa-fé do infrator;

III. a vantagem auferida ou pretendida pelo infrator;

IV. a consumação ou não da infração;

V. o grau de lesão, ou perigo de lesão, à livre concorrência, à economia nacional, aos consumidores, ou a terceiros;

VI. os efeitos econômicos negativos produzidos no mercado;

VII. a situação econômica do infrator; e

VIII. a reincidência (art. 45, LDC)

Não há, portanto, qualquer elemento previsto na LDC que justifique o tratamento dos casos de cartel como mais graves do que os de abuso de posição dominante. Nem mesmo os conceitos trazidos na LDC justificam eventual tratamento desigual entre as infrações.

3.3 Poder de mercado – Monopólio e Oligopólio

O poder de mercado e o poder de monopólio são conceitos próximos, mas não necessariamente significam a mesma coisa, conforme esclarece o *Department of Justice* (Departamento de Justiça dos Estados Unidos da Amércia):

> Poder de mercado e poder de monopólio estão relacionados entre si, mas não são a mesma coisa. A Suprema Corte definiu poder de mercado como 'a capacidade de aumentar preços acima do que seria cobrado em uma situação de mercado competitivo' e poder de monopólio como 'poder de controlar preços e excluir concorrentes'. A Suprema Corte sustentou que 'poder de monopólio, segundo o § 2º requer, obviamente, algo maior do que o poder de mercado do § 1º'. Precisar onde o poder de mercado se torna tão alto que constitui o que a lei reconhece como poder de monopólio é mais uma questão de grau do que de tipo. Resta claro, no entanto, que o poder de monopólio requer, no mínimo, um elevado poder de mercado. No entanto, antes de responsabilizar uma empresa segundo a lei de

defesa da concorrência, em acusação de monopolização ou tentativa de monopolização, o poder em questão é, em geral, necessariamente muito maior do que algo fugaz, deve ser algo durável[87].

O monopólio tem o potencial de prejudicar a sociedade. Basicamente, em uma situação de monopólio, o produtor tem o controle e pode reduzir a produção, aumentar o preço e diminuir os investimentos em inovações. Portanto, a existência ou não de poder de monopólio é muito relevante para que se avalie situação de possível infração.

Com isso, empresas com poder de mercado podem tentar monopolizar e empresas com poder de monopólio podem abusar dessa posição dominante. A análise do grau de poder, nesses casos, é relevante e tem sido negligenciada pela lei e pelas decisões do CADE.

O monopolista não é, por princípio, um infrator. Mas a existência de poder de mercado é um elemento necessário à ocorrência de uma infração à ordem econômica. Sem poder de mercado, o agente não tem potencial de lesar a concorrência, portanto, torna a infração à ordem econômica impossível.

O poder de mercado ocorre em casos de monopólio e oligopólio mais organizado[88], tal como se detalhará mais baixo. O cartel por sua vez mimetiza essas configurações peculiares de mercado.

O conceito de monopólio é importante para se entender um dos contextos nos quais, por um lado, não há hipótese para a prática do cartel e, por outro, tem-se maior probabilidade para a ocorrência de práticas abusivas em decorrência da dominância absoluta do mercado pela empresa monopolista.

---

87 USA. Department of Justice. *Competition and monopoly*: single-firm conduct under section 2 of the Sherman Act: chapter 2, 2009. Disponível em: https://www.justice.gov/archives/atr/competition-and-monopoly-single-firm-conduct-under-section-2-sherman-act-chapter-2. Acesso em: 10 jun. 2022.

88 A doutrina moderna desenvolve o conceito de "moligopólio", principalmente para defender que há uma correlação de sobrevivência entre as empresas consideradas *Big Techs* (*e.g.* Facebook, Amazon, Apple, Netflix, Google, Microsoft, entre outras). Vide: PETIT, Nicolas. *Big tech & the digital economy:* the moligopoly scenario. Oxford: Oxford University Press, 2020, p. 154 e ss.

O monopólio caracteriza-se pela existência de uma única empresa oferecendo um produto ou serviço, sem substitutos próximos[89]. No contexto de um monopólio, a empresa monopolista é formadora de preço, vale dizer, pode, sozinha, determinar o preço que será praticado no mercado.

Conforme resumido pelo CADE:

> Como não tem concorrentes, o monopolista pode restringir a produção e, assim, elevar os preços de mercado, até que obtenha o máximo lucro possível. Comparado com um mercado competitivo, o monopólio produzirá quantidades menores e preços maiores do que os que prevaleceriam em uma situação competitiva, com perdas para o bem-estar da sociedade[90].

A ocorrência do monopólio não é comum. O mais usual é termos uma, ou poucas empresas, com elevado poder, em um mercado com algumas empresas.

No monopólio, a empresa tem certa liberdade para tomar decisões, mas essa liberdade não será, necessariamente, utilizada para prejudicar o consumidor. Para seguir a racionalidade do *homo economicus*, o agente irá buscar maximizar seus ganhos e, para isso, buscar a situação na qual a receita marginal se iguale ao custo marginal de produção[91].

---

89 POSNER, Richard. Natural monopoly and its regulation. *In: Stanford Law Review*, v. 21, n. 3, 1969, p. 548.

90 BRASIL. Poder Executivo. Ministério da Justiça e Segurança Pública. *Guia Prático do CADE*: a defesa da concorrência no Brasil. 3. ed. São Paulo: CIEE, 2007, p. 10. Disponível em: https://www.gov.br/cade/pt-br/centrais-de-conteudo/publicacoes-institucionais/documentos-da-antiga-lei/guia-pratico-do-cade. Acesso em: 2 maio 2022.

91 "Q* é o nível de produção para o qual RMg (receita marginal) = CMg (custo marginal). Se a empresa produzir uma quantidade menor – digamos, Q1 – então, ela estará sacrificando parte dos lucros, pois a receita extra que poderia ser obtida com a produção e venda de quantidades entre Q1 e Q* excederia o custo de produção. De modo semelhante, um aumento no nível de produção de Q* para Q2 resultaria em uma redução dos lucros, já que o custo adicional excederia a receita adicional". PINDYCK, Robert S.; RUBINFELD, Daniel L. *Microeconomia*. Trad. Daniel Vieira. 8. ed. São Paulo: Person Education do Brasil, 2013, p. 355.

Figura 5 – Efeito do exercício do monopólio

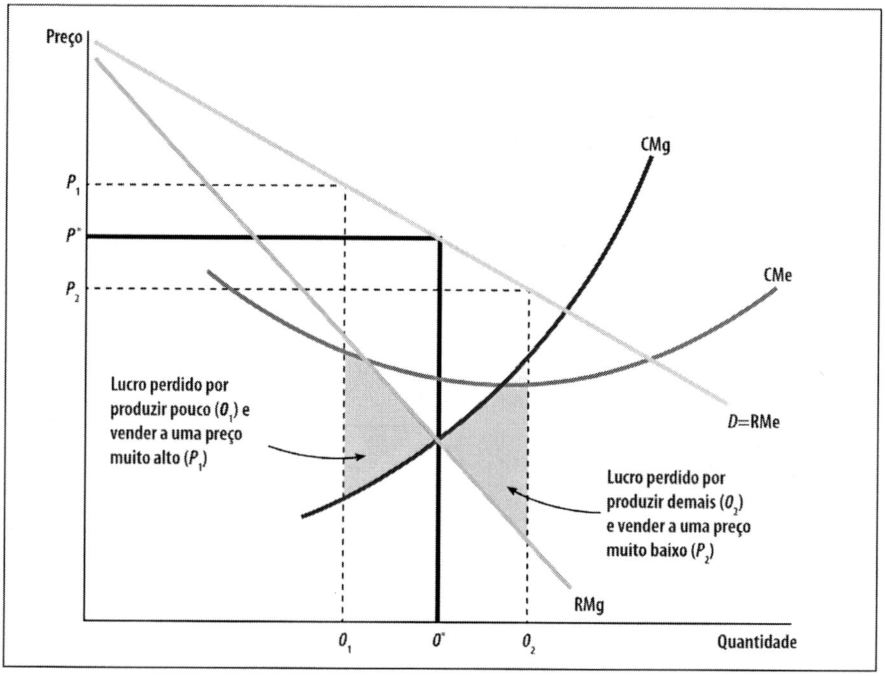

Fonte: PINDYCK, Robert S.; RUBINFELD, Daniel L. Microeconomia. Trad. Daniel Vieira. 8. ed. São Paulo: Person Education do Brasil, 2013, p. 25.

Ser monopolista não significa a existência de poder de monopólio, assim como haver mais de um ofertante no mercado não exclui a possibilidade de um deles deter poder de monopólio. Ser monopolista é ser o único ofertante; ter poder de monopólio é ter a capacidade de determinar unilateralmente o preço e em patamar acima do custo marginal. Quanto mais estável for a demanda (inelástica), maior poder de monopólio a empresa terá[92]. Segundo Robert S. Pindyck e Daniel L

92 PINDYCK, Robert S.; RUBINFELD, Daniel L. *Microeconomia.* Trad. Daniel Vieira. 8. ed. São Paulo: Person Education do Brasil, 2013, p. 368. Israel M. Market Kirzner menciona que a depender das condições da demanda, se não forem favoráveis ao monopolista, haverá pressão para que o preço fique no patamar competitivo (sem sofrer os efeitos do monopólio). Pelo contrário, eventual aumento de preço poderá implicar em perda de receita. KIRZNER, Israel M. *Market theory and the price system.* Indianapolis: Liberty Found, 2011, p. 288-289.

Rubinfeld, há três fatores que determinam a elasticidade da demanda de uma empresa:

1. A elasticidade da demanda de mercado. Como a demanda da própria empresa será pelo menos tão elástica quanto a do mercado, a elasticidade da demanda do mercado limita o potencial de poder de monopólio.
2. O número de empresas atuando no mercado. Se existirem muitas empresas, será pouco provável que qualquer uma delas tenha possibilidade de influenciar significativamente no preço de mercado.
3. A interação entre as empresas. Mesmo que apenas duas ou três empresas estejam atuando no mercado, nenhuma delas terá possibilidade de elevar o preço com lucro caso exista uma agressiva concorrência entre elas, com cada empresa procurando capturar a maior fatia possível de mercado[93].

Outra hipótese que afetará o poder de monopólio de um monopolista é o poder de barganha dos compradores. Se o monopolista que vende encontra um monopolista de compra, então, o poder de monopólio não existirá para nenhum deles.

Dadas as condições, o monopolista irá buscar maximizar suas receitas ou capturar renda (*rent seeking*). Os casos de monopólio, algumas vezes, implicam investimentos em:

> esforços socialmente improdutivos para adquirir, manter ou exercer o poder de monopólio, [...] atividades de *lobby* (e até contribuições de campanha) para obter a criação de leis governamentais que dificultem a entrada de potenciais concorrentes no mercado. Pode incluir a propaganda e esforços legais para evitar a legislação antitruste. Pode significar também a instalação e não utilização de capacidade produtiva adicional com a finalidade de convencer potenciais concorrentes de que não conseguirão vender o suficiente para justificar a entrada no mercado. É de se esperar, portanto, que

---

[93] PINDYCK, Robert S.; RUBINFELD, Daniel L. *Microeconomia*. Trad. Daniel Vieira. 8. ed. São Paulo: Person Education do Brasil, 2013, p. 368-369.

> o incentivo econômico faça com que os custos de captura de renda tenham uma relação direta com os ganhos do poder de monopólio[94].

Importante destacar que existem algumas modalidades de monopólio.

A primeira delas é o monopólio dito natural. Trata-se de contexto de mercado no qual a produção de uma única empresa é mais eficiente do que a produção de várias. Normalmente, esses mercados são caracterizados por investimentos elevados e necessidade de ganhos de escala. Nesses casos, a entrada de novos concorrentes não é viável (ou desejável) por produzir ineficiências. Mesmo assim, o direito não necessariamente deixará o monopolista totalmente livre para exercer seu poder. Nesse contexto, é normal haver regulação. Richard Posner menciona, por exemplo, controles para garantir a performance satisfatória da empresa, que incluem controles sobre lucros, tarifas específicas, nível de qualidade de serviço, permissões para ingresso no mercado, entre outros[95].

Outra modalidade é o monopólio legal, aquele criado por lei. Por exemplo, uma patente é um direito de exclusividade que garantirá o monopólio ao seu titular. Nem toda patente resulta em monopólio, uma vez que pode haver outras patentes ou tecnologias que com ela concorram. Algumas concessões de serviços públicos também são monopólios determinados pela lei.

Quando o "monopólio" ocorre na compra de bens ou serviços, vale dizer, há apenas um comprador, para vários vendedores, se diz que há um monopsônio.

A teoria do monopólio também é usada para definir a dimensão do mercado. O "teste do monopolista hipotético" define o mercado relevante como o menor grupo de produtos e a menor área geográfica,

---

94 PINDYCK, Robert S.; RUBINFELD, Daniel L. *Microeconomia.* Trad. Daniel Vieira. 8. ed. São Paulo: Person Education do Brasil, 2013, p. 371.

95 POSNER, Richard. Natural monopoly and its regulation. *In: Stanford Law Review*, v. 21, n. 3, 1969, p. 548.

nos quais um suposto monopolista poderia manter seu preço acima do nível competitivo por um período significativo de tempo[96].

Calixto Salomão Filho resume as três principais preocupações que o monopólio inspira para a defesa da concorrência: a perda de peso morto[97], a transferência de excedente do consumidor para o fornecedor e o desestímulo à inovação e à melhoria da eficiência[98].

O oligopólio caracteriza-se por ser um mercado de poucas empresas concorrendo entre si e, em geral, com elevadas barreiras à entrada. Por exemplo, o serviço de telefonia e TV por assinatura conta, hoje, com poucas empresas no Brasil e não é trivial a entrada de novos agentes nesse mercado.

É possível notar setores oligopolizados com maior margem em relação a outros. As barreiras à entrada existem em ambos os casos e podem ser as mais diversas, a exemplo da escala e os impactos peculiares em cada caso. A necessidade de escala fará com que o mercado seja inviável para um número grande de empresas. Assim, o que irá diferenciar uma situação de oligopólio com alta ou baixa margem serão elementos endógenos (ex. homogeneidade de produtos/serviços) e exógenos (ex. poder de barganha dos compradores). A administração ou o comportamento de cada uma das empresas também influenciará:

> A administração de uma empresa oligopolista é complexa porque as decisões relativas a preço, nível de produção, propaganda e investimentos envolvem importantes considerações estratégicas. Pelo fato de haver poucas empresas concorrendo, cada uma deve considerar cautelosamente como suas ações afetarão empresas rivais, bem como as possíveis reações que as concorrentes terão[99].

---

96 Resolução do CADE n. 20, de 9 de junho de 1999.

97 Peso morto pode ser entendido como a perda de atividade econômica em decorrência da menor quantidade vendida em uma situação de elevação de preço.

98 SALOMÃO FILHO, Calixto. *Direito concorrencial*. 2. ed. Rio de Janeiro: Forense, 2021, p. 135-136.

99 PINDYCK, Robert S.; RUBINFELD, Daniel L. *Microeconomia*. Trad. Daniel Vieira. 8. ed. São Paulo: Person Education do Brasil, 2013, p. 453.

Há uma interdependência na tomada de decisões das empresas oligopolizadas[100], portanto, o ponto central do oligopólio, sob a perspectiva da livre concorrência, é como as empresas se comportam no mercado:

> Por exemplo, se a interação tende a ser mais cooperativa do que competitiva, elas podem cobrar preços muito acima do custo marginal, obtendo grandes lucros. Em alguns setores oligopolistas ocorre cooperação entre as empresas, porém em outros elas concorrem agressivamente, mesmo que isso signifique lucros menores. Para entendermos a razão disso, é preciso levar em conta o modo pelo qual as empresas oligopolistas decidem os níveis de produção e os preços[101].

Richard Posner[102] faz interessante referência cruzada dos textos de Donald F. Turner[103] e George J. Stigler[104] no que diz respeito à avaliação da legalidade do comportamento dos oligopólios. Turner defende que o comportamento normal do oligopólio é promover uma certa harmonização de preços e comportamentos comerciais. Isso se daria em decorrência de haver uma importante interdependência entre os agentes desse mercado. Diferentemente de um mercado de concorrência mais pulverizada, no qual as decisões de um agente isolado pouco influenciam nas decisões dos demais, em mercados oligopolizados, as decisões estratégicas de um agente têm um impacto muito maior nas vendas, e, portanto, nas decisões dos demais agentes. Por isso, Turner defenderia que a liderança de preços e um padrão de decisão e comportamento similar é algo racional e seria o naturalmente esperado de um mercado de estrutura oligopolizada. Porém, para Stigler (com quem Richard

---

100 ALBUQUERQUE, Marcos Cintra Cavalcanti de. *Microeconomia*. São Paulo: McGraw-Hill, 1986, p. 244.

101 PINDYCK, Robert S.; RUBINFELD, Daniel L. *Microeconomia*. Trad. Daniel Vieira. 8. ed. São Paulo: Person Education do Brasil, 2013, p. 447.

102 POSNER, Richard A. *Antitrust law*. 2. ed. Chicago: The University of Chicago Press, 2001, p. 55.

103 TURNER, Donald F. The definition of agreement under Sherman Act: conscious parallelism and refusals to deal. 75. *Harvard Law Review*, n. 655, 1962.

104 STIGLER, George J. A theory of oligopoly. *Journal of Political Economy*, v. 72, n. 1, fev. 1964.

Posner parece que mais se alinha), a avaliação do comportamento do oligopólio não deveria ser leniente com o conforto de um paralelismo conveniente para os agentes do mercado.

Calixto Salomão Filho sugere a seguinte abordagem para avaliar se há comportamento de oligopólio que mereça a atenção das autoridades concorrenciais:

> Em primeiro lugar, é necessário determinar se existe poder do grupo oligopolista como um todo. Aqui o método aplicado é idêntico ao utilizado para as situações de monopólio. Mas isso não basta. É necessário, ainda, demonstrar que o grupo oligopolista pode ser efetivamente considerado um único bloco. Para isso é preciso que não exista concorrência nas relações internas entre os oligopolistas, o que por sua vez requer a demonstração da existência de comportamento paralelo intencional[105].

Importante notar que o oligopólio pode adotar comportamento uniforme ou, como dito, eliminar a concorrência interna, por acordo entre as partes – *i.e.* cartel, situação na qual será visto como um "único bloco". Essa nota servirá para fundar parte da conclusão deste livro.

3.4 As infrações à ordem econômica – Cartel e Abuso de posição dominante

A palavra infração tem origem no latim *infractio*, *infractionis*, do verbo *frangere*, que significa quebrar. De acordo com o art. 36 da Lei n. 12.529/2011, uma conduta é considerada infração à ordem econômica quando sua adoção tem por objeto ou possa acarretar os seguintes efeitos, ainda que só potencialmente: limitar, falsear ou de qualquer forma prejudicar a livre concorrência; aumentar arbitrariamente os lucros do agente econômico; dominar mercado relevante de bens ou serviços; ou quando tal conduta significar que o agente econômico está exercendo seu poder de mercado de forma abusiva[106].

---

[105] SALOMÃO FILHO, Calixto. *Direito concorrencial.* 2. ed. Rio de Janeiro: Forense, 2021, p. 141.

[106] BRASIL. Poder Executivo. Ministério da Justiça e Segurança Pública. Conselho Administrativo de Defesa Econômica. *Perguntas sobre infrações à ordem econômica.*

Calixto Salomão Filho observa:

> é possível isolar dois grupos básicos de condutas que podem levar à dominação (dos mercados): exclusão e colusão com concorrentes. São elas as duas formas clássicas de dominação: ou se coloca o concorrente fora do jogo (*ex-ludere*), passando a dominar sozinho o mercado ou se joga com o concorrente (*co-ludere*), dominando em conjunto o mercado. Na primeira hipótese, são dois os possíveis gêneros de conduta: predação e negociação compulsória. A colusão, por outro lado, pode assumir várias formas. Pode dar-se através de acordos entre concorrentes, associações entre empresas, *joint ventures* etc[107].

Importante registrar que nem toda situação na qual há acordo entre concorrentes haverá, necessariamente, ilegalidade.

Nesse contexto, importante definir os paradigmas sob os quais se fará a prova e contraprova. Para se avaliar se o cartel é a pior ou mais grave infração à ordem econômica, há que se definir o que é o cartel e quais as outras infrações que seriam, segundo essa premissa, *menos graves*.

A comparação será feita entre o cartel e o abuso de posição dominante (em sentido amplo).

Em 1776, Adam Smith já sustentava: "Pessoas que atuam no mesmo mercado podem se reunir, ainda que por razões sociais e diversão, mas acabam terminando a conversa falando sobre conspiração com o público, ou em alguma fraude para aumentar os preços"[108] (tradução livre). Sob essa perspectiva, a concorrência ideal implicaria não haver comunicação entre empresas concorrentes. O cartel, por ter a comunicação entre as empresas como característica fisiológica, já teria essa imagem de vilão da concorrência.

Disponível em: https://www.gov.br/cade/pt-br/acesso-a-informacao/perguntas-frequentes/perguntas-sobre-infracoes-a-ordem-economica. Acesso em: 10 fev. 2022.

107 SALOMÃO FILHO, Calixto. *Direito concorrencial*. 2. ed. Rio de Janeiro: Forense, 2021, p. 319.

108 SMITH, Adam. *A riqueza das nações*: investigação sobre sua natureza e suas causas. São Paulo: Abril Cultural, 1983 (Coleção Os Economistas. Livro I, Capítulo 10, § 82). No original: "*People of the same trade seldom meet together, even for merriment and diversion, but the conversation ends in a conspiracy against the public, or in some contrivance to raise prices*".

Nessa mesma linha, Paula A. Forgioni[109] explica que a concorrência, apesar de positiva para a sociedade, "prejudica os concorrentes", já que a dinâmica concorrencial força os agentes econômicos a investir em inovações, assumir mais riscos e pressiona os preços para baixo. O esforço para manter e conquistar clientela será maior, quanto maior for a intensidade da concorrência. Por serem maximizadores de resultados, seria *natural* a tentativa de *neutralizar* a concorrência mediante acordo entre concorrentes.

João Bosco Leopoldino da Fonseca assim descreve o cartel:

> [...] um acordo entre empresas que são concorrentes, para reduzir sua produção, para acordar a respeito de níveis, ou para vender a um preço ajustado entre elas. O objetivo de um cartel é o de manter a posição de cada integrante do mercado e alcançar quer a estabilidade dos preços quer o seu aumento[110].

Para Ivo Teixeira Gico Junior, os elementos relevantes para distinguir um acordo lícito entre concorrente de um ilícito seriam dois: "(i) a participação agregada de mercado dos agentes econômicos envolvidos na prática e/ou perpetuidade da conduta; e (ii) o suposto objetivo de o concerto emular comportamento *monopolístico* ou buscar eficiência econômica"[111].

A doutrina estrangeira de Richard Posner[112] aponta algumas condições favoráveis à formação do cartel, com a ressalva de que essas condições podem facilitar a ocorrência de um cartel, mas não significam que, em casos existentes, obrigatoriamente haverá um cartel:

1. *Concentração do mercado objeto do acordo*: poucos agentes econômicos disputando o mercado.

---

[109] FORGIONI, Paula A. *Os fundamentos do antitruste*. 8. ed. São Paulo: RT, 2015, p. 340.

[110] FONSECA, João Bosco Leopoldino da. *O cartel*: doutrina e estudo de casos. Belo Horizonte: Mandamentos, 2008, p. 22.

[111] GICO JUNIOR, Ivo Teixeira. *Cartel*: teoria unificada da colusão. São Paulo: Lex, 2006, p. 171.

[112] POSNER, Richard A. *Antitrust law*. 2. ed. Chicago: The University of Chicago Press, 2001, p. 67.

2. *Agentes menores não representam ameaça*: os agentes menores, que eventualmente não façam parte do acordo ilegal, não podem representar ameaça para o acordo. Por exemplo, não devem ter facilidade de aumentar a produção, em caso de um aumento do preço pelos demais.
3. *Demanda inelástica*: a demanda não deve ser muito sensível à variação de preço. Quanto mais elasticidade tiver a demanda, menos capacidade o cartel terá de manipular os preços.
4. *Entrada de novos agentes é demorada*: o autor indica que as práticas ilegais arranjadas pelo cartel não devem ser desafiadas em mercados nos quais a entrada de novas empresas é lenta[113].
5. *O mercado consumidor não é concentrado*: também aumentam as chances de sucesso de um cartel se não há poder de barganha dos clientes. Quanto menor for a concentração nesse mercado consumidor, maiores as chances de o cartel prosperar.
6. *Produto standard*: quanto mais homogêneo e padrão for o produto ou serviço ofertado, mais fácil será a formação de um cartel. Mercados com produtos muito diferenciados tendem a gerar dificuldade para os acordos, uma vez que é difícil fixar preços diante de produtos diferentes.
7. *Produtos não duráveis*: o cartel funciona melhor em mercado de produtos não duráveis. O mercado de bens duráveis tende a desmotivar a formação de cartéis pelo baixo giro do mercado.
8. *Os principais agentes do mercado usam a mesma estrutura de vendas:* essa harmonização do canal de vendas é importante para o cartel, pois auxilia no monitoramento de seus integrantes.
9. *O principal fator de competição é o preço*: quando o preço é o principal fator de competição entre os agentes econômicos,

---

[113] No Brasil, considera-se fácil a entrada de novos agentes econômicos quando ela ocorre de forma tempestiva e provável. Uma entrada é tempestiva se ocorrer em prazo de aproximadamente dois anos. Entende-se como provável o fato da entrada ser lucrativa e viável (item 2.3., subitem 2, da Portaria CADE n. 104, de 28 de março de 2022).

o cartel é mais efetivo. Quando há outros fatores mais importantes que o preço, a facilidade para se chegar a um acordo e a capacidade de as firmas cartelizadas monitorarem seu cumprimento é menor.

10. *Indústrias com custos fixos mais representativos que os variáveis*: nesses casos, o risco de uma empresa quebrar é relativamente maior do que quando os custos variáveis são proporcionalmente mais importantes. Com isso, agentes econômicos que atuam em mercados com elevados custos fixos irão considerar com maior interesse um eventual conluio.
11. *Estrutura de custo e processo de produção similares*: quando as empresas têm estruturas de custo e processo de produção similares, a discussão sobre um eventual cartel é mais fácil.
12. *Demanda estável ou em declínio*: quando a demanda é estável, ou está em declínio, o acordo ilegal de cartel é mais atrativo. A demanda em crescimento é mais confortável para as empresas individualmente consideradas e o incentivo para o cartel é menor.
13. *Facilidade de alterar preços*: quanto menos frequente for possível alterar preços, menor a chance de alinhamento de preços entre agentes econômicos.
14. *Processos de compra transparentes*: quando o processo de compra do mercado é através de licitações (públicas ou privadas), há maior facilidade de monitorar o comportamento de concorrentes. O monitoramento do comportamento de concorrentes é importante para a formação de um cartel.
15. *Mercado é local*: A dimensão do mercado também é um fator que pode ajudar no monitoramento do funcionamento de um cartel. Ainda que não seja uma condição absoluta, quanto menor for a dimensão do mercado, mais concentrador ele tenderá a ser e mais fácil será a comunicação e o monitoramento entre concorrentes.
16. *Cooperação entre concorrentes*: há uma série de formas de cooperação entre concorrentes que não são ilegais. Por

exemplo, um concorrente pode oferecer insumos para outro, ou excesso de capacidade ociosa. Mercados em que há uma tradição de cooperação entre agentes concorrentes são mais propensos ao conluio.

17. *Histórico de questões concorrenciais*: nos mercados em que a colusão é uma tentação possível, é normal haver histórico de questões concorrenciais, inclusive cartel.

O acordo entre concorrentes pode ter diversos escopos, classificados de várias formas. Segundo síntese elaborada por Ana Paula Martinez[114], é possível identificar acordos de preços ou quantidades, quando os concorrentes ajustam as variáveis preço e quantidade produzida, nesse último caso, distorcendo o balanço entre demanda e oferta. Também há acordos para alocar mercados ou clientes. Nesses casos, os agentes econômicos anulam a concorrência entre si através da alocação de regiões de atuação ou lista de clientes que serão atendidos especificamente por cada um dos integrantes do acordo. É referida, ainda, a classificação dos cartéis entre difusos (*soft*) e clássicos (*hardcore*). A principal diferença entre eles é o caráter eventual e não institucionalizado do cartel difuso[115].

A principal consequência, para a concorrência, da prática de cartel seria, portanto, reduzir a incerteza trazida pela dinâmica concorrencial e, com isso, a manutenção ou o aumento dos preços, com a maximização artificial da captura do excedente do consumidor pelos fornecedores, o que afeta o bem-estar social e do consumidor.

Diante da sofisticação dos agentes, é cada vez mais difícil provar o acordo. Do ponto de vista econômico, foram desenvolvidas várias teorias que ajudam a diagnosticar a prática do cartel. Marcos André de

---

[114] MARTINEZ, Ana Paula. *Repressão a cartéis*: interface entre direito administrativo e direito penal. São Paulo: Singular, 2013, p. 41.

[115] Voto do Conselheiro Luiz Carlos Thadeu Delorme Prado no PA n. 08012.002127/2002-14.

Mattos Lima[116] sintetiza dois modelos baseados na teoria dos jogos[117]. Um deles compara os dados observados em determinado mercado com os cenários de cartel, concorrência perfeita e oligopólio. Outro método seria o cálculo da perda do peso morto[118].

O gráfico abaixo aponta o cenário de um cartel comparado ao de concorrência perfeita.

Figura 6 – Análise gráfica dos efeitos de um cartel

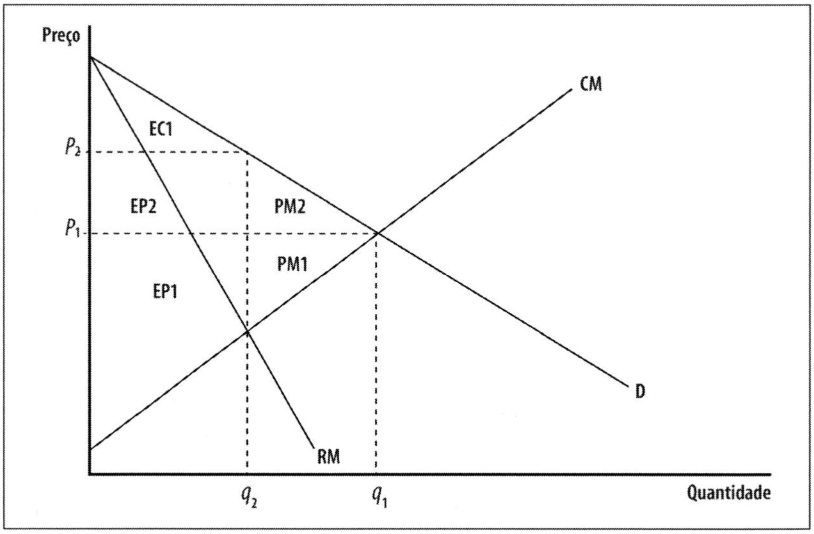

Fonte: SEAE/ME. SEPRAC. Secretariaty for Productivity and Competition Advocacy. *Guidelines Competition Advocacy*: Estimating Cartel Damages. Disponível em: https://www.gov.br/fazenda/pt-br/centrais-de-conteudos/publicacoes/guias-e-manuais/estimating-cartel-damages. Acesso em: 30 maio 2022.

---

116 LIMA, Marcos André de Mattos. Detecção e efeitos de cartéis: evidências econômicas. *In*: MATTOS, César (org.). *A revolução do antitruste no Brasil*: a era dos cartéis. São Paulo: Singular, 2018, p. 213-214.

117 A teoria dos jogos consiste em estudos de modelos matemáticos que tratam da interação entre agentes racionais. Sua aplicação é muito ampla, incluindo questões antropológicas, econômicas e de negócios. Autores conhecidos dessa teoria são John von Neumann e Oskar Morgenstern, que escreveram *Theory of Games and Economic Behavior* (1944).

118 O conceito de peso morto para a microeconomia representa as perdas de eficiência nos mercados, que ocorrem quando determinado equilíbrio não é ótimo.

Esclarece-se que p1 e q1 representam preços e quantidades em cenário de concorrência perfeita, enquanto p2 e q2 se referem às quantidades de equilíbrio em um cartel. As curvas indicadas no gráfico são: demanda (D), receita marginal (RM) e custo marginal (CM). O equilíbrio em concorrência perfeita é obtido quando o custo marginal iguala o preço (demanda). Por outro lado, quando o mercado está sob a influência de uma prática de cartel, o equilíbrio é obtido igualando-se custo marginal e receita marginal, o que, nesse contexto, gera menores volumes transacionados e preços mais elevados. As variações no bem-estar são verificadas pelas alterações nos excedentes do consumidor, do produtor e no total.

Figura 7 – Alterações do bem-estar

	Concorrência Perfeita	Cartel	Variação
Excedente do Consumidor	EC1+EP2+PM2	EC1	-EP2-PM2
Excedente do Produtor	EP1+PM1	EP1+EP2	EP2-PM1
Excedente Total	EC1+EP1+EP2+PM1+PM2	EC1+EP1+EP2	-PM1-PM2
Peso Morto	0	PM1+PM2	PM1+PM2

Fonte: Elaboração própria

Na comparação do cartel com a concorrência perfeita há perdas para os consumidores, efeito ambíguo sobre os produtores e redução inequívoca no excedente total. A redução do excedente total é o peso morto, derivado da menor quantidade transacionada. Parte do peso morto era excedente do consumidor e parte do produtor em concorrência perfeita.

No âmbito da prática antitruste brasileira, a medida de bem-estar considerada envolve apenas o excedente do consumidor ou o *price standard*. Por esta razão, o Departamento de Estudos Econômicos (DEE) do CADE representa a análise de perda de bem-estar relacionada ao cartel olhando apenas o excedente do consumidor.

Figura 8 – Análise de perda de bem-estar

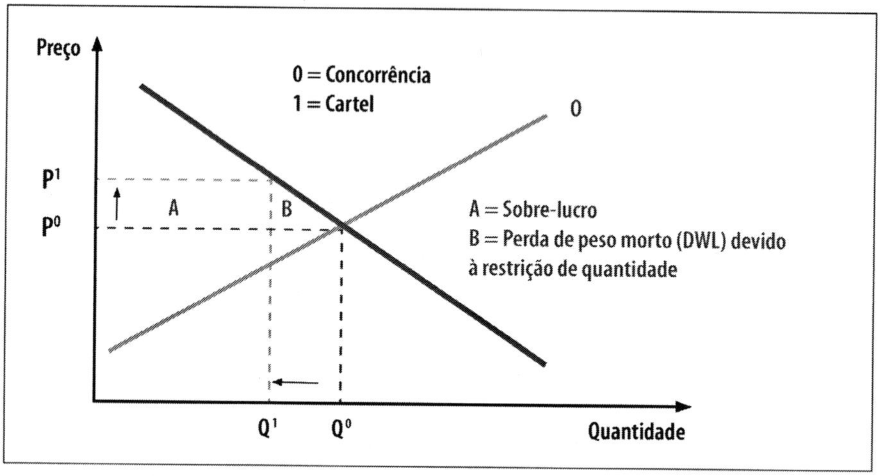

Fonte: DEE. Nota Técnica n. 34/2016/DEE/CADE, emitida pelo Departamento de Estudos Econômicos do CADE (DEE), no PA n. 08012.002568/2005-51.

Nota-se que em um cenário de cartel, os agentes cartelizações irão reduzir quantidades ou aumentar preços (a curva de oferta deslocada para cima e para a esquerda). O lucro desse agente cartelizado será maior na proporção do retângulo "A" acima. E o "peso morto", representado pelo triângulo "B", será perdido, piorando o estado de bem-estar social existente antes da conduta. Vale lembrar que o aumento de preços tende a gerar redução da oferta e vice-versa, dado que praticamente inexiste demanda totalmente inelástica.

O próprio CADE corrobora essa visão conceitual: "Uma vez que o cartel age como se fosse um monopolista, o resultado será a oferta de quantidades menores e preços maiores, no mercado relevante"[119].

A LDC não menciona explicitamente o termo cartel, mas há inúmeros dispositivos que fazem referência a acordar, combinar,

119 BRASIL. Poder Executivo. Ministério da Justiça e Segurança Pública. *Guia Prático do CADE*: a defesa da concorrência no Brasil. 3. ed. São Paulo: CIEE, 2007, p. 34. Disponível em: https://www.gov.br/cade/pt-br/centrais-de-conteudo/publicacoes-institucionais/documentos-da-antiga-lei/guia-pratico-do-cade. Acesso em: 2 maio 2022.

manipular ou ajustar com concorrente, sob qualquer forma: a) os preços de bens ou serviços ofertados individualmente; b) a produção ou a comercialização de uma quantidade restrita ou limitada de bens ou a prestação de um número, volume ou frequência restrita ou limitada de serviços; c) a divisão de partes ou segmentos de um mercado atual ou potencial de bens ou serviços, mediante, dentre outros, a distribuição de clientes, fornecedores, regiões ou períodos; d) preços, condições, vantagens ou abstenção em licitação pública (Art. 36, § 3º, I, LDC). Além disso, também prevê que promover, obter ou influenciar a adoção de conduta comercial uniforme ou concertada entre concorrentes pode caracterizar infração à ordem econômica (Art. 36, § 3º, II, LDC).

Esses dispositivos são identificados pelas decisões do CADE como fundamentos para a condenação de cartéis no Brasil[120].

Parece lógico que se entenda inexistir "cartel do bem", o que poderia servir para fundamentar a premissa. Não seria possível identificar eficiências em condutas de cartel, o que, em tese, poderia ocorrer nos casos de abuso de posição dominante. Mas, trata-se de uma "ilusão de ótica", causada pelo fato de as duas hipóteses serem comparadas em momentos distintos.

É possível haver cooperação entre concorrentes sem que fale em infração à ordem econômica. Não se trata de um cartel do bem, mas de situações que permitem tal cooperação. Calixto Salomão Filho traz alguns exemplos, como a pesquisa tecnológica e setores em crise[121]. O próprio DOJ e o FTC, nos Estados Unidos da América, emitiram um guia sobre colaboração entre concorrentes, que se inicia com a afirmação:

> Para que possam competir em mercados modernos, competidores precisam, às vezes, cooperar. Forças de competição estão levando empresas para estruturas complexas de cooperação para que possam alcançar objetivos tais como expansão para mercados externos,

[120] PA n. 08012.010022/2008-16 (cartel das merendas escolares), PA n. 08012.005024/2011-99 (cartel manutenção predial), PA n. 08012.005255/2010-11 (cartel de placas de memória) e PA n. 08012.011142/2006-79 (cartel do cimento).

[121] SALOMÃO FILHO, Calixto. *Direito concorrencial*. 2. ed. Rio de Janeiro: Forense, 2021, p. 178 e ss.

financiamento de inovações custosas e redução de custos de produção, entre outros[122].

O próprio CADE tem aprovado inúmeras associações de empresas concorrentes para desenvolvimento de tecnologia[123] ou aproveitamento de excedente de produção com o objetivo de amortizar custos de ambas as partes[124].

Na Alemanha, há registros de que a legislação que vigia antes da Segunda Guerra Mundial dispunha que o cartel ao invés de ser *proibido* deveria ser *controlado* pelo Estado. Apenas em casos de cartéis abusivos é que haveria sanção legal[125]. A visão de que pode haver eficiência, ou pelo menos trade-offs positivos, no cartel foi ainda mais enfatizada durante o período da pandemia da Covid-19[126].

---

122 DOJ e FTC. *Antitrust Guidelines for Collaborations Among Competitors*. Washington, 2000. No original: "*In order to compete in modern markets, competitors sometimes need to collaborate. Competitive forces are driving firms toward complex collaborations to achieve goals such as expanding into foreign markets, funding expensive innovation efforts, and lowering production and other costs*".

123 Vide Ato de Concentração n. 08700.008607/2014-66 (GlaxoSmithKline plc e Novartis AG); Ato de Concentração n. 08700.000005/2014-60 (Biolab Sanus Farmacêutica Ltda., Eurofarma Laboratórios S.A., Cristália Produtos Químicos Farmacêuticos Ltda., e Orygen Biotecnologia S.A.). É possível identificar a mesma realidade na Europa. Disponível em: https://ec.europa.eu/commission/presscorner/detail/en/IP_09_788. Acesso em: 2 ago. 2022.

124 Vide Ato de Concentração n. 08700.003962/2016-19 (Bayer e Takeda). Recentemente, o CADE nem sequer conhece esses contratos de fabricação por encomenda (vide Ato de Concentração n. 08700.005007/2020-94 (Samsung Eletrônica da Amazônia Ltda., Climazon Industrial Ltda., e Springer Carrier Ltda.).

125 SCHWARTZ, Ivo E. *Antitrust legislation and policy in Germany – a comparative study*. *In* University of Pennsylvania Law Review. vol. 105, nº 5, 1957, p. 618-619.

126 Vide *To save competition: Rethinking exceptions to the ban on cartels A joint thesis by Lademann & Associates and Norton Rose Fulbright LLP* (disponível em https://www.nortonrosefulbright.com/en/knowledge/publications/f54767ee/to-save-competition-rethinking-exceptions-to-the-ban-on-cartels, acesso 3 de setembro de 2022); e GARU, Yash Vardhan; HARWANI, Kashish. *Crisis cartel and state aid: an alternative to competition authority during COVID-19 pandemic*. SSC Online, disponível em: https://www.scconline.com/blog/post/2021/08/10/crisis-cartel/#print, acesso em 3 de setembro de 2022.

No Brasil, a Lei nº 14.010, de 10 de junho de 2020, que dispôs sobre o Regime Jurídico Emergencial e Transitório das relações jurídicas de Direito Privado (RJET) no período da pandemia do coronavírus (Covid-19), em seu capítulo 9º, que ficaram sem eficácia os incisos XV e XVII do § 3º do art. 36 e o inciso IV do art. 90 da LDC, em relação a todos os atos praticados e com vigência de 20 de março de 2020 até 30 de outubro de 2020. Foi além, para qualquer caso de infração à ordem econômica determinou que deveriam ser consideradas as circunstâncias extraordinárias decorrentes da pandemia do coronavírus. O próprio CADE orientou as empresas sobre possíveis colaborações para o enfrentamento da pandemia[127].

Portanto, não parece absolutamente verdadeira a tese de que não há eficiências na colaboração entre concorrentes.

Da mesma forma, ser monopolista, ou deter poder de monopólio não é ilícito por si só.

Ocorre, porém, que a doutrina e jurisprudência partem de referências diferentes nas análises dessas condutas. Quando se fala de cartel já há uma cooperação entre concorrentes com elementos de ilegalidades (ex. acordo de preços) e, por isso, é considerado ilícito *per se* ou por objeto. Nos casos de abuso, em geral, como os elementos de ilegalidade não são tão explícitos, a conduta parte da análise para verificar se há poder de mercado, qualificar a conduta e identificar, ao final o elemento ilícito do abuso. Mas não haveria qualquer óbice legal de considerar uma acusação contra empresa com notório poder de mercado (ex. Petrobrás), que adote prática inequívoca de venda casada ou fixação de preço de revenda em detrimento da concorrência, seja também considerada tão presumivelmente ilícita quanto um cartel.

Afinal, se bem é verdade que não se tem conhecimento de decisão do CADE considerando um *cartel* lícito, também não há um caso em que o CADE considere lícito o *abuso* de poder econômico. Já a colaboração

---

127 Vide https://cdn.cade.gov.br/Portal/Not%C3%ADcias/2020/nota-informativa-temporaria-sobre-colaboracao-entre-empresas-para-enfrentamento-da-crise-de-covid-19.pdf, acesso 4 de setembro de 2022.

entre concorrentes e o exercício de poder de mercado, ambos, podem ser considerados lícitos, a depender das circunstâncias.

Conclui-se, ao final, que o conceito de cartel não apresenta elemento a sustentar qualquer tese de maior gravidade dessa conduta em relação às demais indicadas na LDC.

Ingressa-se, agora, nas considerações mais específicas sobre o abuso da posição dominante.

Nas sociedades primitivas, força física, linhagem de varões e armas mais eficazes traziam supremacia a grupos ou indivíduos. Conformação do território, terras férteis ou a presença de água igualmente favoreciam uma posição social dominante. Ao longo da História, comprova-se que o domínio do outro, em qualquer circunstância ou abrangência, traz em seu bojo um impulso para o abuso desse poder.

Destaca-se reflexão de Joseph A. Schumpeter sobre a ciência que estuda a psicologia das multidões e que demonstra essa tendência:

> Ao se manifestar, ainda que sob elevado nível de stress, a realidade do comportamento humano quando está sob a influência das aglomerações – em particular, o repentino desaparecimento, em estado de excitação, de restrições morais e comportamento civilizado no pensar e sentir, e o repentino surgimento de impulsos primitivos, infantilização e propensão ao crime [...][128].

Com a alteração do eixo de poder, ou a mudança da ordem feudal para a ordem econômica, a preocupação em definir e limitar transfere-se do poder autoritário do "príncipe", para o poder econômico.

A Europa buscou, ao redor do mundo, drogas necessárias à prática da medicina, assim como especiarias procuradas para culinária. Esse comércio foi concentrado, gerando, por consequência, um foco de poder econômico. Como descreve Howard W. Haggard[129], do século IX

---

[128] SCHUMPETER, Joseph. *Capitalism, socialism and democracy*. Nova Iorque: Happer Perennial Modern Thought, 2008, p. 257.

[129] HAGGARD, Howard W. *Devils, drugs and doctors*: the story of the science of healing from medicine-man to doctor. New York, Pocket Book n. 146.816.935, 1941, p. 36.

ao século XV, o comércio de drogas e especiarias foi controlado pela República de Veneza, que destronou os genoveses e deteve a supremacia dos mares até a entrada dos portugueses e, em seguida, dos holandeses no comércio marítimo de drogas e especiarias. O comércio de drogas pertencia à nação que tivesse a supremacia dos mares, posição alcançada pelos holandeses no século XVII. Em 1650, os holandeses possuíam a maior frota mercante que o mundo já vira, com cerca de 10 mil navios.

Como comerciantes de vinho e "possuindo três quartos dos navios europeus, eles podiam impor o tipo e o preço dos vinhos", conforme registra Hugh Johnson[130].

Howard W. Haggard [131] relata ainda que os holandeses adotavam medidas extremas para monopolizar o comércio: em terras controladas por outras nações, destruíram plantas, as quais passaram a cultivar em suas possessões, a fim de trazer para si o monopólio sobre esses insumos, a exemplo do comércio de noz-moscada, que foi monopólio da Holanda por incríveis dezesseis anos. Objetivando esse monopólio, adotaram uma estratégia radical: imergiam as sementes da planta em leite ou limão durante três meses para que não germinassem, caso fossem plantadas em outras terras.

A ascendência da economia é observada em todas as culturas, e em todas as idades da humanidade. A economia é parte da vida em comunidade e o poder econômico objeto de desejo de diferentes grupos sociais. Importante ponderar que o "poder econômico, em si, não constitui crime", mas o abuso desse poder é coibido pela lei[132].

Conforme descreve Guilherme Canedo de Magalhães[133], o poder econômico: "consiste na detenção, em alta escala, dos meios de produção,

---

130 JOHNSON, Hugh. *A história do vinho*. Trad. Hildegard Feist. São Paulo: Companhia das Letras 1999, p. 205.

131 HAGGARD, Howard W. *Devils, drugs and doctors*: the story of the science of healing from medicine-man to doctor. New York, Pocket Book n. 146.816.935, 1941, p. 41.

132 VAZ, Isabel. *Direito econômico da concorrência*. Rio de Janeiro: Forense, 1993, p. 262-267.

133 MAGALHÃES, Guilherme Canedo de. *O abuso do poder econômico*: apuração e repressão. Rio de Janeiro: Artenova, 1975, p. 16.

e ocorre estar concentrado em um grupo de pessoas ou em um grupo de empresas ou estar nas mãos de uma só pessoa".

Benjamin M. Shieber define poder econômico como aquele "que resulta da posse dos meios de produção", estabelecendo como abuso do poder econômico quando esses meios "são dominados por um indivíduo ou um grupo de empresas, evitando que outros deles também possam dispor" [134].

Para Agamemnon Magalhães, "quando o poder econômico passa a ser usado com o propósito de impedir a iniciativa de outros [...] o abuso fica manifesto". Destaca, ainda, que o abuso do poder econômico é caracterizado pelo "domínio dos mercados, eliminação da concorrência e aumento arbitrário dos lucros"[135].

Em sua exposição de motivos, para Agamemnon Magalhães, empresas que praticam abusos de poder econômico "são pontos de infecção, que precisam ser atalhados e curados":

> a concentração do poder econômico gerou o capitalismo financeiro. A paixão pelo lucro substituiu o senso da utilidade e do serviço. Os valores, em vez de servirem ao homem, passaram a contribuir para o seu aniquilamento. Os *trusts*, desorganizando a pequena indústria, colocaram as classes médias e as classes trabalhadoras à sombra da indigência econômica[136].

A posição dominante, ou de domínio, deve ser definida, para, posteriormente, aferir-se eventual abuso. Essa não é uma tarefa fácil. Afinal, conceitualmente, a posição dominante ocorre quando uma empresa ou um grupo de empresas detém poder de mercado (*market power*) suficiente para lhe garantir "participação elevada no mercado

---

[134] SHIEBER, Benjamin M. *Abusos do poder econômico* (Direito e experiência antitruste no Brasil e nos EUA). Prefácio de José Frederico Marques. São Paulo: RT, 1966, p. 3.

[135] MAGALHÃES, Guilherme Canedo de. *O abuso do poder econômico*: apuração e repressão. Rio de Janeiro: Artenova, 1975, p. 16.

[136] MAGALHÃES, Agamemnon. *Abuso do poder econômico*: projeto de lei regulando a aplicação do art. 148 da Constituição da República. Recife: Edições Folha da Manhã, 1949, p. 65.

relevante" na qual suas ações e estratégias independam das ações e estratégias de seus competidores.

Segundo Deborah Healey, posição dominante pode ser definida da seguinte forma:

> A dominação por si só, ou o nível de poder de mercado requerido em outros textos, é, em geral, mensurada pela habilidade de um agente de agir sem significativa pressão ou influenciar preços para excluir a concorrência; ou manter, lucrativamente, preços acima do custo de fornecimento por longos períodos[137].

A lei brasileira presume[138] a existência de posição dominante sempre que o agente econômico detenha 20% ou mais de participação de mercado (Lei n. 12.529/2011, art. 36, § 2º). Nem todos os países adotam o mesmo percentual como critério para presumir posição dominante[139]. Importante ressaltar que se trata de presunção relativa

---

[137] HEALEY, Deborah. Abuse of dominance. *In: Global Dictionary of Competition Law*. Concurrences, Art. n. 20101. Disponível em: https://www.concurrences.com/en/dictionary/abuse-of-dominant-position-en. Acesso em: 3 maio 2022. No original: "*Dominance itself, or the degree of market power required by other wordings, is generally measured by the ability of an organisation to act without significant constraint, or to influence prices to exclude competition, or to profitably maintain prices above the cost of supply in the long run*".

[138] Presunção relativa, vale dizer que poderá ser desafiada nos casos concretos.

[139] Na Europa, a regulamentação considera que poderá ser presumida a posição de significante poder de mercado (*i.e.* dominância) quando, sem provas em contrário, uma empresa detiver persistentemente uma participação de mercado superior a 50%. De qualquer forma, a Comissão Europeia deixa claro: "*When considering the market power of an undertaking it is important to consider the market share of the under taking and its competitors* as well as constraints exercised by potential competitors in the medium term. *Market shares can provide a* useful first indication *[...] of the market structure and of relative importance of the various operators active on the market. However, the Commission* will interpret market shares in the light of the relevant market conditions, and in particular of the dynamics of the market and of the extent to which products are differentiated". EUROPEAN COMMISSION. Information from European Union Institutions, Bodies, Offices and Agencies. Communication from the Commission. *Guidelines on market analysis and the assessment of significant market power under the EU regulatory framework for electronic communications networks and services.* Disponível em: https://eur-lex.

pois pode ser alterada em virtude de evidências que demonstrem que tal percentual não reflete adequadamente a posição de domínio sobre determinado mercado.

O fato de uma empresa deter a posição dominante não é ilícito perante a lei brasileira, que considera válida a conquista da preferência do consumidor por excelência ou eficiência própria[140]. O ilícito está no *abuso* dessa posição, revelado em "condutas que não dizem respeito diretamente a preços, mas que podem restringir a capacidade competitiva de rivais ou impedir a entrada de novos competidores", conforme ensinam Caio Mário da Silva Pereira Neto e Paulo Leonardo Casagrande[141].

Para Richard Posner, haverá abuso de posição dominante sempre que a empresa (i) detiver poder de mercado e, cumulativamente, (ii) praticar a exclusão de, ou que possa excluir do mercado, competidor tão ou mais eficiente que o infrator[142].

As práticas de abuso de posição dominante podem se travestir de diferentes formas. Dentre os exemplos mais conhecidos estão fixação do preço de revenda (*resale price maintanance*), venda casada, preços predatórios e exclusividade, e discriminação de preços. Como se nota, muitas "condutas" são, de fato, arranjos contratuais entre privados. Além disso, a exclusividade, por exemplo, é uma disposição contratual típica e lícita na maioria dos casos.

Portanto, a análise de uma infração de abuso de posição dominante será, em geral, realizada utilizando-se a regra da razão, levando-se em conta todas as circunstâncias, práticas e consequências, ou potenciais consequências, envolvidas.

---

europa.eu/legal-content/EN/TXT/PDF/?uri=CELEX:52018XC0507(01)&rid=7. Acesso em: 1 maio 2022.

140 PEREIRA NETO, Caio Mário da Silva; CASAGRANDE, Paulo Leonardo. *Direito concorrencial*. São Paulo: Saraiva, 2016 (Coleção Direito Econômico – coord. Fernando Herren Aguillar), p. 135.

141 PEREIRA NETO, Caio Mário da Silva; CASAGRANDE, Paulo Leonardo. *Direito concorrencial*. São Paulo: Saraiva, 2016 (Coleção Direito Econômico – coord. Fernando Herren Aguillar), p. 135.

142 POSNER, Richard A. *Antitrust law*. 2. ed. Chicago: The University of Chicago Press, 2001, p. 194.

Aqui vale breve esclarecimento sobre a adoção, no Brasil, de parâmetros internacionais para abordar as infrações à ordem econômica[143]. O CADE já reconheceu que o seu processo sancionador deve observar os princípios norteadores do processo administrativo, como o devido processo legal, a ampla defesa, o contraditório, a razoabilidade e a proporcionalidade[144]. A prática internacional traz, por outro lado, duas propostas de abordagem para a análise da ilicitude da prática comercial investigada. Uma delas é conhecida como a *regra da razão*, fusão de ampla defesa e razoabilidade. Segundo Richard Posner, trata-se de regra que permite uma análise mais flexível das consequências econômicas da prática investigada. Se o balanço entre os efeitos negativos e positivos for favorável para o bem-estar social, então, a prática deveria ser permitida[145]. Na outra extremidade, tem-se a abordagem do ilícito *per se*. Hebert Hovenkamp explica que a prática será tratada como ilícito *per se* quando considerada ilegal, do ponto de vista concorrencial, uma vez que se presume que não haverá balanço positivo de eventual análise econômica. A vantagem dessa abordagem, segundo o autor, é aumentar o risco para o infrator e reduzir os custos de investigação (as defesas são muito mais limitadas)[146].

A aplicação da abordagem do ilícito por objeto para casos de cartel é, ao final, um incentivo para que os recursos públicos sejam destinados com maior vigor ao combate dessas infrações. A investigação e o processo ficam mais simples para as autoridades e há certa transferência do ônus processual às partes acusadas. Ainda que essa questão gere polêmicas quanto à sua constitucionalidade, poderia ser uma justificativa para o foco em casos de cartel, uma vez que basta provar o acordo, sem analisar os demais elementos. Porém, não ampara, de maneira alguma, a premissa da maior gravidade.

---

143 MONTI, Giorgio. EU Competition Law and the Rule of Reason Revisited. *TILEC Discussion Paper DP 2020-021*. Tilburg University, 2020.

144 PA n. 08012.000172/1998-42.

145 POSNER, Richard A. *Antitrust law*. 2. ed. Chicago: The University of Chicago Press, 2001, p. 38.

146 HOVENKAMP, Hebert. *The antitrust enterprise*: principle and execution. Cambridge/Londres: Harvard University Press, 2005, p. 113-114.

A legalidade da aplicação desses conceitos encontra-se no que alguns defendem como a melhor interpretação do art. 36 c/c §1º, os conceitos de culpa *lato sensu* e *stricto sensu* e a inversão do ônus da prova. Se o art. 36 prevê que a infração é constituída, independentemente de culpa, quando produz ou possa produzir os efeitos previstos nos incisos I a IV, e o § 1º determina que a eficiência não caracteriza o ilícito, então, o hermeneuta precisa diferenciar as hipóteses em que, "sem culpa, mas com eficiência", o agente gera, efetiva ou potencializa algum dos efeitos dos incisos I a IV, daquelas em que "sem culpa e sem eficiência", o agente gera, efetiva ou potencializa algum desses efeitos. A forma de se fazer foi "importar" as duas formas de análise. Tratam-se de regras de ordem processual e não material.

Basicamente, seguindo a lógica da regra da razão, a autoridade deverá avaliar a estrutura de mercado, confirmar a posição de monopólio, caracterizar a conduta, avaliar os prejuízos dessa conduta à dinâmica concorrencial e, posteriormente, fazer o balanço com eventuais eficiências que possam ser geradas pela conduta. Se a conclusão for a de que o balanço é negativo, então, a condenação é a resposta mais provável.

Os efeitos do abuso de posição dominante, que são diminuir, eliminar ou potencializar a eliminação de concorrência e a manutenção do domínio do mercado e, com isso, a manutenção do preço de monopólio, são mostradas no do gráfico abaixo.

Figura 9 – Excedente do produtor monopolista

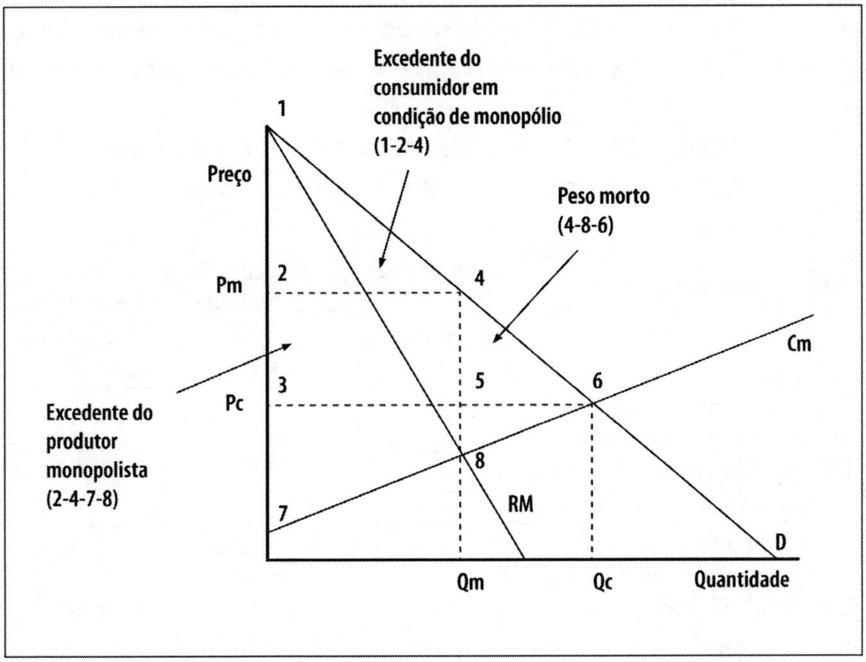

Fonte: Revista do CADE. SILVA, R. V. M. A. da. A falácia das infrações por objeto e suas consequências para a persecução de condutas unilaterais. In: Revista de Defesa da Concorrência. CADE. Brasília, v. 7, n. 1, p. 69-107, 2019, p. 74.

Verifica-se que, independentemente do caminho da análise, o resultado indica que o abuso de posição dominante pode produzir, no limite, o mesmo efeito líquido sobre o bem-estar social. A perda de peso morto será a mesma, seja pela perda em si, seja pela ausência de ganho naqueles casos em que o monopolista já tenha capturado todas as eficiências do mercado para si.

3.5 Inexistência de base doutrinária ou factual para justificar a premissa

A pesquisa realizada na doutrina e na jurisprudência nacionais, em inúmeras obras e casos internacionais, não permitiu identificar uma comparação empírica e estatística entre eventuais diferenças dos efeitos das condutas.

Ao contrário. As referências que indicam o cartel como a conduta mais grave fazem-no de forma genérica, sem indicar sequer o paradigma utilizado para tal assunção. Abaixo, segue figura que verifica a justificativa atribuída pelas principais fontes que assumem tal pressuposto.

Figura 10 – Análise de referências da premissa

Texto base/autor	Faz referência à premissa?	Indica fonte? Se sim, qual?	Traz comparação com a gravidade das demais infrações?
Paper: Recommendation of the Council concerning Effective Action against Hard Core Cartels, 1998 OCDE	Sim	Sim	Não
Artigo: The Size of Cartel Overcharges: Implications for U.S. and E.U. Fining Policies John Connor e Robert Lande	Sim	Sim, análise empírica de casos de cartel e bibliografia	Não
Discurso: Simpósio sobre Aplicação Global da Defesa de Concorrência, da Faculdade de Direito de Georgetown e Thomas O. Barrett	Sim	Não	Não
Paper: Report on Building Blocks for Effective Anti-Cartel Regimes (2005) ICN	Sim	Não	Não
Discurso: 3ª Conferência Nórdica de Política de Defesa da Concorrência. Mario Monti	Sim	Não	Não
Notícia veiculada com referência à autoridade mexicana de defesa da concorrência	Sim	Não	Não

Notícia veiculada com referência à autoridade colombiana de defesa da concorrência	Sim	Não	Não
Notícia veiculada com referência à autoridade peruana de defesa da concorrência	Sim	Não	Não
Livro: Defensa de la competencia: análisis económico comparado (Argentina) German Coloma	Sim	Não	Não
Nota Técnica n. 4/2020/SG-TRIAGEM CONDUTAS/SGA2/SG/CADE Superintendência-Geral do CADE	Sim	Sim, OCDE	Não
Livro: Repressão a cartéis: interface entre direito administrativo e direito penal Ana Paula Martinez	Sim	Sim, OCDE, bibliografia	Não
Livro: Direito concorrencial Caio Mário da Silva Pereira Neto Paulo Leonardo Casagrande	Sim	Sim, OCDE	Não
Livro: Direito concorrencial José Inácio Gonzaga Franceschini Vicente Bagnoli	Sim	Não	Não
Livro: Aplicação de penas na repressão a cartéis: uma análise da jurisprudência do CADE Flávia Chiquito dos Santos	Sim	Sim, OCDE	Não
Livro: O cartel: doutrina e estudo de casos João Bosco Leopoldino da Fonseca	Sim	Não	Não

Os textos da OCDE podem ser considerados a fonte mais importante de propagação desse entendimento e fazem referência a John M. Connor e Robert Lande. No trabalho desses autores, é possível identificar a forma como avaliam o sobrepreço gerado nos casos de cartel. John M. Connor chegou a revisar mais de 1000 casos de cartéis internacionais[147] identificando que a taxa de novos casos de cartel descobertos anualmente aumentou significativamente desde 1990.

Figura 11 – Taxa de novos casos de cartel descobertos por ano

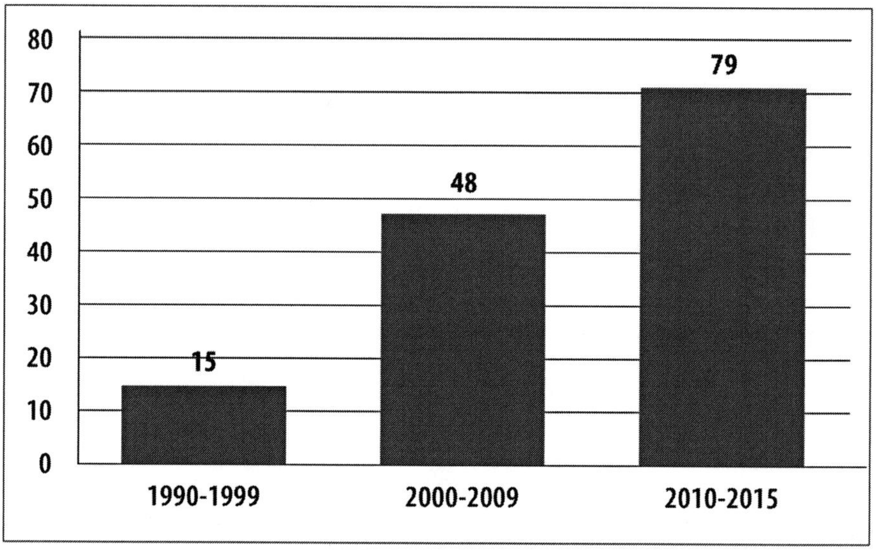

Fonte: John M. Connor, Purdue University, 2015.

Mas não parece haver uma só linha nos textos consultados que apresentem uma comparação entre os efeitos do cartel e aqueles de um eventual abuso de posição dominante. Embora alguns textos tenham elaborado considerações sobre o tema, o aprofundamento se resumiu, basicamente, em demonstrar efeitos negativos do cartel, mas, nenhuma das referências identificadas fez uma genuína e profunda comparação

[147] CONNOR, John M. *Cartels costly for customers*: World Bank conference on income distribution. Conference Paper, 2015.

com a gravidade ou o potencial lesivo das demais infrações à ordem econômica, sobretudo do abuso de posição dominante.

Resta prejudicada análise que demonstre ou refute a base empírica da premissa, uma vez que não foi possível identificá-la. O fato é que nem a doutrina, nem a análise factual provêm elementos que sirvam de sustento para se afirmar que o cartel é a infração mais grave à livre concorrência.

4

A teoria econômica indica efeitos similares para as condutas

Richard Posner relata que as raízes da influência da teoria econômica no direito são profundas e avalia que a *nova* teoria econômica reforça a aplicação da economia em instituições centrais do direito (*i.e.* propriedade, contratos e direito de família)[148].

Registra-se que o atual arcabouço constitucional alça a defesa da concorrência ao patamar de princípio orientador da ordem econômica (art. 170, IV, CF/1988). Utilizando-se da distinção qualitativa das normas, o princípio é norteador. Nas palavras de Robert Alexy, os princípios são "mandamentos de otimização", a bem da verdade, normas que indicam a necessidade de que um valor seja referência na maior medida possível e de acordo com as possibilidades do caso concreto[149].

A Constituição econômica[150] brasileira destaca a liberdade de iniciativa e concorrência. Assim, embora a Carta Magna tenha estado claramente impregnada de conceitos econômicos, somente em meados da década de 1990, a teoria econômica assumiu um papel mais relevante

---

148 POSNER, Richard. *Para além do direito*. São Paulo: Martins Fontes, 2021, p. 463.

149 ALEXY, Robert. *Teoria dos direitos fundamentais*. Trad. Virgílio Afonso da Silva. São Paulo: Malheiros, 2008, p. 90.

150 COELHO, Fábio Ulhoa. *Curso de direito comercial*. v. 1. São Paulo: Thomson Reuters Brasil, 2021, p. 3.

na perseguição dos objetivos da Carta Magna e, em especial, da legislação concorrencial[151].

Nessa qualidade, Virgílio Afonso da Silva sustenta que os princípios: "tendem a irradiar efeitos por toda a ordem jurídica – esse é o aspecto principal da constitucionalização do direito –, mesmo que se entenda – como aqui se pressupõe – que a constituição não é a lei fundamental de toda a atividade social"[152].

A LDC "dispõe sobre abusos do poder econômico, tendo como finalidade amparar e ampliar a concorrência"[153]. A infração à ordem econômica concorrencial pode ser caracterizada como o abuso do direito à livre iniciativa, abuso esse que, atualmente, é tratado de forma mais ampla como infrações à ordem econômica[154].

A defesa da concorrência é regida pela LDC, a qual prevê uma aplicação preventiva – controle de concentrações econômicas para evitar estruturas de mercado mais propensas ao abuso[155] – e uma repressiva, a combater condutas que infrinjam a ordem econômica.

Como ensina Ivo Waisberg, a livre concorrência não se limita aos dispositivos da LDC, mas "considera todas as possíveis leis, medidas, e o ambiente que influencia esta competição"[156].

O direito da concorrência é um ramo do direito. Há quem defenda que é um ramo do direito administrativo; outros acreditam que se trata de um ramo do direito econômico. E, não menos contundentes, há os que

---

[151] CABRAL, Mário André Machado. *A construção do antitruste no Brasil*: 1930-1964. São Paulo: Singular, 2020, p. 56.

[152] SILVA, Virgílio Afonso da. *A constitucionalização do direito*: os direitos fundamentais nas relações entre particulares. São Paulo: Malheiros, 2014, p. 175.

[153] SHIEBER, Benjamin M. *Abusos do poder econômico* (Direito e experiência antitruste no Brasil e nos EUA). Prefácio de José Frederico Marques. São Paulo: RT, 1966, p. 1.

[154] COELHO, Fábio Ulhoa. *Direito antitruste brasileiro*: comentários à Lei n. 8.884/1994. São Paulo: Saraiva, 1995, p. 4.

[155] FRAZÃO, Ana. *Direito da concorrência*: pressupostos e perspectivas. São Paulo: Saraiva, 2017, p. 30-31.

[156] WAISBERG, Ivo. *Direito e política da concorrência para os países em desenvolvimento*. São Paulo: Lex, 2006, p. 17.

defendem o direito da concorrência como ramo do direito penal-econômico[157]. José Ignácio Gonzaga Franceschini, por exemplo, fez eloquente defesa do enquadramento do direito da concorrência como parte do direito penal-econômico[158] ao citar exemplos da Argentina e do Japão nos quais se aplicam princípios do direito penal ao direito da concorrência.

Todavia, a linha que tem ganhado maior aderência é a de que se trata de uma ramificação do direito econômico.

Para Washington Peluso Albino, o direito econômico é um ramo autônomo do direito, com sujeito, objeto, normas e campo próprios. A definição de direito econômico, segundo o autor, é a de que

> Direito Econômico é o ramo do Direito que tem por objeto a 'juridicização', ou seja, o tratamento jurídico da política econômica e, por sujeito, o agente que dela participe. Como tal, é o conjunto de normas de conteúdo econômico que assegura a defesa e a harmonia dos interesses individuais e coletivos, de acordo com a ideologia adotada na ordem jurídica. Para tanto, utiliza-se do 'princípio da economicidade[159].

Na mesma linha, Fábio Konder Comparato considera o direito econômico o conjunto de técnicas jurídicas das quais se vale o Estado para implementar a política econômica[160].

Se considerado o princípio da extraterritorialidade e a inexistência de fronteiras para os efeitos econômicos das práticas anticompetitivas, que não seja a própria abrangência do mercado, é possível sustentar que se trata de ramo do direito econômico internacional[161]. A própria

---

157 FRANCESCHINI, José Ignácio Gonzaga. *Introdução ao direito da concorrência.* São Paulo: Malheiros, 1996, p. 8.

158 FRANCESCHINI, José Ignácio Gonzaga. *Introdução ao direito da concorrência.* São Paulo: Malheiros, 1996, p. 16.

159 SOUZA, Washington Peluso Albino de. *Primeiras linhas de direito econômico.* 6. ed. São Paulo: LTr, 2005, p. 23. Mais adiante, o autor elenca diversos elementos para caracterizar a lei de defesa da concorrência como parte do ramo do direito econômico (p. 258-259).

160 COMPARATO, Fábio Konder. O indispensável direito econômico. *Revista dos Tribunais*, São Paulo, v. 101, n. 923, p. 37-52, 2012.

161 "O Direito Econômico Internacional busca realizar o sistema jurídico-econômico interno de cada país em conformidade com as necessidades regionais do Estado,

premissa, ora desafiada, é retrato claro da universalização do direito da concorrência.

Além de ramo jurídico, o direito econômico é defendido como perspectiva econômica e método de análise e interpretação do direito[162]. Nesse último caso, permeia diversos ramos jurídicos e provê critérios e procedimentos para auxiliar na hermenêutica do direito.

A presente dissertação aborda infrações à ordem econômica e, por isso, é fundamental um maior aprofundamento nos conceitos acima tratados da livre concorrência, o poder de mercado e as infrações e suas consequências para a economia do país e o bem-estar social.

4.1 *Homo economicus*

Uma hipótese para o maior interesse na perseguição prioritária aos cartéis poderia ser explicada pela maior probabilidade de sua incidência sustentada na indicação de que seria a "melhor escolha" para o agente econômico. Para melhor compreensão do comportamento das empresas, é preciso observar a racionalidade por trás de suas condutas, o que, em última análise, é o comportamento da pessoa por trás da empresa.

Não é sem polêmica que se define o que seria o *homo economicus*. Em ensaio esclarecedor, Joseph Persky[163] relata que John K. Ingram[164] definiu o *homo economicus* como um mero "animal fazedor

---

no conjunto dos países da mesma região, como no caso do Mercosul, dos compromissos internacionais do Estado e interesses das empresas e empresários nacionais". Esses consensos, ou premissas, trazidos por entidades multilaterais não deixam de representar exatamente isso.

HUSEK, Carlos Roberto. *Curso de direito internacional público*. 16. ed. São Paulo: LTr, 2021, p. 47.

162 NUSDEO, Fábio. *Curso de economia*: introdução ao direito econômico. Prefácio: Tercio Sampaio Ferraz Junior. São Paulo: RT, 1997, p. 252-258.

163 PERSKY, Joseph. Retrospectives: the ethology of *homo economicus*. *The Journal of Economic Perspectives*, v. 9, n. 2, 1995. p. 221-231. Disponível em: http://www.jstor.org/stable/2138175. Acesso em: 10 mar. 2022.

164 INGRAM, John K. *A history of political economy*. Londres: Cambridge University Press, 2013 (publicação original de 1888).

de dinheiro". Já quando se refere a John Neville Keynes[165], embora reconheça menos hostilidade, indica que a definição desse pensador era de que o *homo economicus* se tratava de pessoa cujas atividades estavam sempre condicionadas ao desejo de riqueza.

Após superar as definições caricatas, Joseph Persky traz o balanço da definição de John Stuart Mill, segundo a qual o *homo economicus*:

> não trata de toda a natureza do Homem tal como modificada pelo estado social, nem de toda a conduta do Homem em sociedade. Ela está centrada nele somente como sendo quem deseja possuir riquezas, e quem é capaz de julgar a eficácia comparativa dos meios para alcançar esse objetivo[166].

Para a definição econômica de John Stuart Mill, dever-se-iam abstrair as demais paixões ou motivações humanas que, inclusive, podem até antagonizar com o desejo de possuir riqueza. John Stuart Mill elenca quatro interesses distintos do ser humano: acumulação, lazer, luxúria e procriação (perpetuação da espécie). Não deixa de registrar também sua preocupação com os estímulos que diferentes instituições podem impingir ao comportamento humano na procura de satisfazer cada um de seus interesses.

No regime da economia de mercado, as decisões são tomadas por indivíduos que buscam maximizar o alcance de seus interesses. Segundo essa lógica, se cada indivíduo perseguir a maximização dos seus interesses, contribuirá "para a maximização da satisfação do interesse da comunidade como um todo"[167]. A maximização do lucro (receita marginal é igual a custo marginal) está presente em mercados de concorrência perfeita, oligopólio ou monopólio. Haverá, claro, uma diferença na capacidade de definir o preço ou as quantidades produzidas.

---

165 KEYNES, John Neville. *The scope and method of political economy*. Nova Iorque: Augustus M. Kelley, 1963 (publicação original de 1890).

166 MILL, John Stuart. *On the definition of political economy, and of the method of investigation proper to it*. Londres: London and Westminster Review, 1836 (reimpresso em 1844), p. 321.

167 ALBUQUERQUE, Marcos Cintra Cavalcanti de. *Microeconomia*. São Paulo: McGraw-Hill, 1986, p. 19.

Um cenário de monopólio tende a gerar um resultado considerado pela teoria econômica como sub-ótimo, ou seja, produz quantidades aquém daquelas que poderia produzir para maximizar o seu lucro, além de não buscar aperfeiçoamentos de seus processos produtivos.

A busca para maximizar seus interesses pressupõe a liberdade para poder perseguir seus interesses individual ou coletivamente. Por exemplo, um indivíduo pode escolher entre pintar ele mesmo sua própria casa ou contratar um pintor para fazer esse serviço. No primeiro caso, o indivíduo atingirá o seu interesse de ter a sua parede pintada sem a troca de valores com outro; já, no segundo, há uma troca de valores com o pintor. Interessante notar que nesse segundo caso, ambos percebem uma oportunidade de melhorar suas posições. O dono da parede entende que poderá maximizar sua posição com a contratação, pois o tempo que despenderia para pintar a parede pode ser usado para exercer sua atividade principal e elevar sua renda ou bem-estar (que poderia estar associado ao lazer, por exemplo). O pintor contratado, por seu turno, entende que o preço ajustado é uma oportunidade para melhorar sua posição a partir do exercício de sua atividade econômica de pintor[168].

Por essa razão, a era do *homo economicus* está umbilicalmente ligada à liberdade e a propriedade dos ativos de produção (seja capital, seja trabalho). Quando John R. Commons explica os fundamentos legais do capitalismo, ressalta que a transição do direito de propriedade de algo físico para um valor de mercado uniu em um único conceito a liberdade e a propriedade. Segundo o autor, propriedade é tudo que pode ser comprado e vendido. Tendo em vista que os indivíduos podem dispor de seu tempo livre e comercializar essa propriedade (ex. trabalho ou mesmo o seu lazer), a liberdade é propriedade[169].

Em síntese, o *homo economicus* é livre, dispõe livremente de sua propriedade e atua, diante de seu interesse de acumular, com viés de maximizar seus resultados.

---

[168] KIRZNER, Israel M. *Market theory and the price system*. Indianapolis: Liberty Found, 2013 (versão original de 1963).

[169] COMMONS, John R. *Legal foundations of capitalism*. New Jersey: The Lawbook Exchange Ltd., 2006, p. 22.

Note-se, portanto, que a teoria econômica não prevê, nas projeções idealizadas, limitações para essa maximização inerentes ao sujeito, mas, apenas, aquelas advindas pelo contexto e estrutura do mercado no qual o agente está inserido.

Para que a escolha pelo cartel fosse a mais lógica, deveria ser, então, a mais rentável. Porém, a teoria econômica, a estrutura dos mercados no Brasil e o contexto da atual política de defesa da concorrência no Brasil não parecem confirmar tal conclusão.

4.2 Sistema de preços e incerteza

Em sistemas democráticos ocidentais, estão vigentes os pressupostos que, conceitualmente, permitem a livre-escolha. No contexto do direito à propriedade, da livre iniciativa e da livre concorrência, as restrições aos direitos individuais são as exceções. Nesse âmbito, a economia desenvolve um relacionamento que influencia e sofre influência da variável preço (sistema de preço).

O sistema de preço alcança a compra e venda de produtos e serviços, o mercado de trabalho e o de remuneração de capital. Todas as relações em uma economia de mercado podem ser parametrizadas pelo sistema de preços. Na base, o sistema de preço decorre da economia fundada na relação preço-salário. Diz-se, então, que o sistema de preço é “um mecanismo simbólico, orientador das ações econômicas de uma comunidade”[170].

Antes do balanço entre demanda e oferta, o sistema de preço é influenciado pela incerteza, elemento que acompanhará o debate sobre livre concorrência, talvez eternamente[171].

O risco é inerente à atividade econômica. Não se sabe qual será a preferência do consumidor, a próxima tecnologia, o próximo passo ou estratégia do concorrente, o preço ou o desconto a ser concedido ou

---

170 ALBUQUERQUE, Marcos Cintra Cavalcanti de. *Microeconomia.* São Paulo: McGraw-Hill, 1986, p. 22.

171 HEYER, Ken. A world of uncertainty: economics and the globalization of antitrust. *In*: *Antitrust Law Journal*, v. 72, n. 2. American Bar Association, 2005, p. 375-422.

fixado entre outras variáveis e fatores relacionados às atividades do *homo economicus*. No mercado, em condições normais, os agentes econômicos convivem com muitos fatores desconhecidos e incertezas. No entanto, buscam sempre maximizar seus interesses, os quais se tornam mais fáceis de serem obtidos, quanto menor for a assimetria informacional.

Na teoria econômica, Frank Hyneman Knight defende:

> Com a introdução da incerteza – o fato da ignorância e da necessidade de agir com base na opinião ao invés do conhecimento – no cenário idealizado, altera completamente seu caráter. [...] Com a incerteza presente, fazer algo, executar uma atividade, torna-se, de fato, uma parte secundária da vida; a questão ou problema principal é decidir o que fazer e como fazer[172].

Em outro trecho, acrescenta:

> Em primeiro lugar, produtos são produzidos para o mercado, com base exclusivamente em previsões impessoais de desejos, não para a satisfação das vontades do próprio produtor. O produtor assume a responsabilidade de antever os desejos dos consumidores[173].

Em geral, a redução da incerteza torna a atuação do agente econômico menos complexa e se tal redução é originada de uma posição com poder de monopólio ou de um acordo com os concorrentes, o bem-estar é necessariamente afetado. Nesses casos, manter a incerteza proporciona uma tendência de baixa de preço.

O próprio CADE sustentou:

> 104. Um dos objetivos primordiais da legislação concorrencial é justamente fazer com que as empresas desenvolvam suas estratégias comerciais de forma independente, e a comunicação entre concorrentes sobre preços, quantidades ofertadas ou outras informações concorrenciais sensíveis já é suficiente para ameaçar a consecução de tal objetivo. Com efeito, é difícil, senão impossível, se imaginar que um agente econômico seja capaz, depois de ter tido acesso a informações

[172] KNIGHT, Frank Hyneman. *Risk, uncertainty and profit*. Chicago: Martino Fine Books, 2014 (versão original de 1921), p. 268.

[173] KNIGHT, Frank Hyneman. *Risk, uncertainty and profit*. Chicago: Martino Fine Books, 2014 (versão original de 1921), p. 268.

> relevantes da estratégia empresarial de seus concorrentes, de não usar tais informações na definição de sua atuação no mercado[174].

Interessante notar que o conceito de preço (influenciado pelo valor das coisas) também foi objeto de uma evolução teórica. Para algumas escolas da teoria econômica, o preço era algo objetivo, atrelado ao capital e ao trabalho empregados na produção. O sistema de preço sofreu, então, a influência da escassez (recursos e bens limitados) e das preferências dos consumidores. Mariana Mazzucato reforça o tema ao sustentar que "[...] esse pensamento começou a se inverter [...] de repente, o valor estava nos olhos de quem vê"[175].

Portanto, maximizar as receitas, vale dizer, pressionar o preço até o máximo possível, passa a sofrer influência da disposição do consumidor em pagar pelo produto ou serviço (*willingness to pay* – WTP)[176]. No limite, os preços monopolísticos podem alcançar o máximo que o consumidor está disposto a pagar, não importando tanto o custo da produção em si.

Saber quanto o consumidor está disposto a pagar é uma parte da equação para maximizar as receitas. A concorrência, quanto mais intensa, mais produz incerteza. Segundo Frank Hyneman Knight, a ação que dá vida ao desejo e motiva a conduta econômica da sociedade está próxima ao julgamento do que realmente vale e um impulso para

---

174 PA n. 08012.004039/2001-68. Embora esse precedente demonstre a preocupação do CADE com o tema da incerteza, não há que se esquecer que a forma como é colocado pode gerar confusão. Como se sabe, um dos pressupostos da concorrência perfeita é a inexistência de assimetria de informação. Somente quando há transparência total o consumidor será capaz de saber da homogeneidade dos produtos. Não se pode defender a ausência de transparência como contraponto a um cartel. Há que se qualificar de forma bastante detalhada a eventual comunicação indevida entre concorrentes. As condições de mercado para formação de um cartel deveriam ser a estrutura e barreiras à entrada e, não, a transparência.

175 MAZZUCATO, Mariana. *O valor de tudo*: produção e apropriação na economia global. Trad. Camilo Adorno e Odorico Leal. São Paulo: Portfólio-Penguin, 2020, p. 30.

176 STOBIERSKI, Tim. *Willingness to pay*: what it is and how to calculate. Disponível em: online.hbs.edu/blog/post/willingness-to-pay. Acesso em: 03 set. 2021.

a ação, ainda que este impulso possa estar influenciado por uma ilusão da percepção da realidade[177].

Conforme representação abaixo, quanto maior o nível da concorrência, mais baixa deveria ser a linha do preço e maior o excedente do consumidor. Com a diminuição ou ausência da concorrência, seja por abuso de poder econômico ou por prática de cartel (assumindo um cenário de infração à ordem econômica), a linha do preço é pressionada para cima (ou para baixo[178]) e o excedente do consumidor é transferido, em parte, para o fornecedor e, em parte, é perdido (peso morto) pela desistência da compra.

Figura 12 – Nível de concorrência, linha de preço e efeito da incerteza

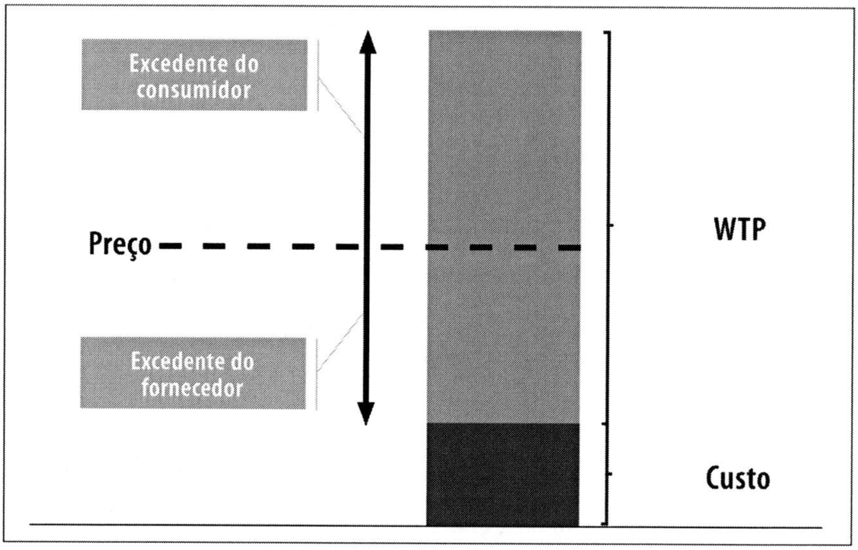

Fonte: Elaboração própria.

177 KNIGHT, Frank Hyneman. *The ethics of competition and other essays*. Mansfield: Martino Publishing, 2014, p. 97-98.

178 No caso de um cartel de compra ou em uma situação de monopsônio ou oligopsônio, a relação é inversa, ou seja, o preço de venda torna-se aquele mínimo para manter o ofertante no mercado e o excedente é transferido integralmente ao(s) agente(s) comprador(es). O maior número de demandantes traz o equilíbrio de mercado nessa relação.

Não se deixa de lado a regra que relaciona a procura e a oferta e faz do balanço entre ambas o contexto para precificar um produto ou serviço. A demanda é caracterizada pela quantidade que os consumidores adquirirão de determinado bem ou serviço. Assim, inúmeros são os fatores que podem influenciar a procura em um determinado mercado (região e tempo). Entre eles, a doutrina econômica menciona gosto ou preferência do consumidor, população (número de habitantes), nível de renda, distribuição dessa renda, preços de outros bens possivelmente substitutos, preço do bem em questão e o próprio número de ofertantes[179].

Em um contexto em que as demais variáveis são consideradas estáveis (*Ceteris Paribus*), a curva da procura (ou demanda) indicará a quantidade do bem ou serviço a ser adquirida pelo consumidor a cada nível de preço, durante um determinado intervalo de tempo.

Por outro lado, tem-se a oferta, que representa o comportamento dos fabricantes ou fornecedores e indica a quantidade que o produtor deseja produzir a cada nível de preço, durante um determinado intervalo de tempo. Os fatores que influenciam a oferta são, entre outros: o objetivo do fornecedor, o nível tecnológico, o custo e a capacidade de produção, os preços de outros bens possivelmente substitutos, o preço do bem em questão, o número de ofertantes instalados, a demanda atual e potencial[180].

O preço é o resultado do sistema que, por sua vez, é pressionado por limites. Nesse contexto, temos o limite da renda do consumidor, o limite da renda exigido pelo trabalhador para produzir e o limite da renda da qual dispõe o produtor. Além disso, o preço estará influenciado por inúmeros fatores: o custo de produção, o valor dado pelo consumidor, o valor de bens substitutos e o valor do mesmo produto cobrado pela concorrência.

Em tempos modernos, a psicologia e o comportamento humano são elementos que, em conjunto com o custo, a concorrência e a disposição

---

179 ALBUQUERQUE, Marcos Cintra Cavalcanti de. *Microeconomia*. São Paulo: McGraw-Hill, 1986, p. 22.

180 ALBUQUERQUE, Marcos Cintra Cavalcanti de. *Microeconomia*. São Paulo: McGraw-Hill, 1986, p. 26.

de compra do consumidor, influenciam a decisão de precificação dos produtores. Nesse sentido, vale mencionar o registro de Gerald Smith sobre a influência do preço da concorrência no processo de precificação do agente individual, inclusive na era digital:

> A precificação orientada pelo preço da concorrência está entre as mais acessíveis fontes para orientação de preço. O vendedor em situações de venda B2B concede descontos quando o cliente menciona um preço inferior do concorrente. Fabricantes oferecem para seus parceiros do varejo uma categoria especial de desconto, desconto para "cobrir a oferta da concorrência", para garantir que não irão perder vendas para um concorrente. Na economia digital esses impulsos ficam mais intensos e amplificados pela competição nas plataformas como Amazon, Shopify e eBay. Mesmo o menor vendedor de produtos artesanais tem acesso a sofisticados algoritmos de otimização de preço que utilizam inteligência artificial para proporcionar o melhor preço baseado na concorrência[181].

O preço também é referido genericamente como de mercado[182]. Diz-se que haverá concorrência perfeita quando o mercado atingir o seu equilíbrio, fenômeno esse que ocorre quando os preços são iguais aos custos marginais e inexistem barreiras à entrada e saída, de forma que os agentes são capazes de elevar ou reduzir sua oferta para atender à demanda, crescente ou decrescente. "Nesse ponto, não há escassez nem excesso de oferta, de tal forma que não existe pressão para que o preço continue se modificando"[183]. Na figura abaixo, representa-se a curva da demanda e da oferta e o atingimento do ponto de equilíbrio na intersecção entre P_0Q_0.

---

181 SMITH, Gerald. *Getting price right*: the behavioral economics of profitable pricing. Columbia University Press, 2021, p. 243.

182 Importante esclarecer que, para a economia, o mercado é definido com parâmetros e critérios. Não coincide, necessariamente, com a referência genérica que a sociedade faz do termo. A definição do mercado tem uma dimensão do produto e uma dimensão geográfica. Pode ser, por exemplo, o mercado de pães (produto) de um bairro específico (fator geográfico).

183 PINDYCK, Robert S.; RUBINFELD, Daniel L. *Microeconomia*. Trad. Daniel Vieira. 8. ed. São Paulo: Person Education do Brasil, 2013, p. 25.

Figura 13 – Ponto de equilíbrio de mercado

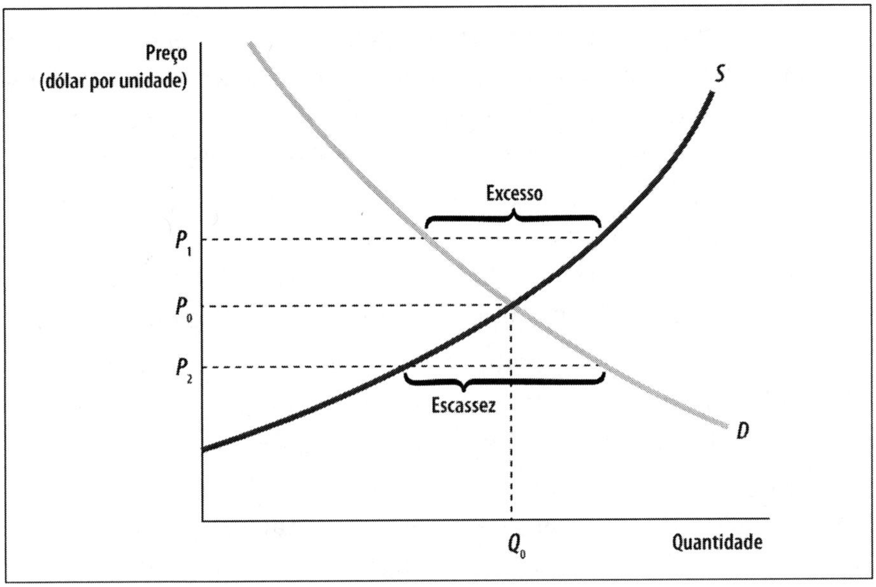

Fonte: PINDYCK, Robert S.; RUBINFELD, Daniel L. *Microeconomia*. Trad. Daniel Vieira. 8. ed. São Paulo: Person Education do Brasil, 2013, p. 25.

Se há menos oferta, a proporção com a demanda se altera e o preço tende a elevar-se. Se, ao contrário, a oferta sobe, a proporção com a demanda também se altera, mas a tendência do preço é que ele seja reduzido.

Esses conceitos são relevantes para a presente análise. É importante entender que, em uma situação de infração à ordem econômica, o preço estará afetado porque os fatores condicionantes estarão distorcidos. Isso pode se dar pelo abuso de posição dominante (situação em que o agente dominante determina unilateralmente o chamado "preço de mercado", dada a inexistência de rivalidade efetiva ou potencial no mercado), ou por um cartel (situação em que o chamado "preço de mercado" é definido por acordo do conjunto de agentes integrantes do cartel, os quais passam a deter coletivamente uma posição dominante e comandar os níveis de preços do mercado). Ambos os casos se afastam do conceito de concorrência perfeita e acabam gerando perdas de peso morto e, no caso de cartéis de venda, escassez de oferta e prejuízos aos consumidores, na medida em que há a transferência de renda desses para os ofertantes dominantes.

A cobrança do preço supracompetitivo ou monopolista ocorre, portanto, em dois de quatro cenários, nos quais se observa posição dominante dos agentes (individual ou coletiva): (i) ausência de concorrência por eficiência do próprio fornecedor; (ii) oligopólio de bens homogêneos, no qual há estratégias de paralelismo em que a transparência de preços é um dos pressupostos para ocorrer; (iii) ausência de concorrência por abuso do poder econômico do fornecedor; ou (iv) ausência de concorrência por combinação de variáveis entre concorrentes (*e.g.* cartel).

No primeiro caso, pode-se estar diante de um monopólio ou oligopólio eficiente, mantido em função de uma busca dos *players* neste mercado por constantes inovações que garantem aos seus titulares elevadas participações de mercado. Em geral, este tipo de mercado é caracterizado por baixas barreiras à entrada. Portanto, o primeiro cenário não é objeto de análise. Na ausência de abuso, não há antijuridicidade na hipótese de conquista de posição dominante por eficiências próprias e a cobrança de preço monopolista nessa condição é ausente de qualquer abuso. Nesse sentido, a própria LDC dispõe: " a conquista de mercado resultante de processo natural fundado na maior eficiência de agente econômico em relação a seus competidores não caracteriza o ilícito" (art. 36, § 1º, LDC).

Ainda sobre a dinâmica saudável da concorrência, Joseph A. Schumpeter entende que ela também se traduz em uma constante variação dos excedentes que serão capturados e devolvidos ao consumidor ao longo do tempo justamente por conta da pressão competitiva:

> Isso não ocorre apenas porque todos os lucros individuais se esgotam, não tolerando o mecanismo concorrencial nenhum valor excedente permanente, mas, antes, aniquilando-os exatamente por meio desse estímulo da luta pelo lucro que é a força propulsora do mecanismo[184].

---

[184] SCHUMPETER, Joseph A. *Teoria do desenvolvimento econômico*: uma investigação sobre lucros, capital, crédito, juro e o ciclo econômico. Introdução de Rubens Vaz da Costa; Trad. Maria Sílvia Possas. São Paulo: Cultura, 1982, p. 104.

Os outros três cenários são objeto da preocupação da política de defesa da livre concorrência. O cenário do oligopólio de bens homogêneos, no qual há estratégias de paralelismo e a transparência de preços é um pressuposto, pode ser objeto de preocupação concorrencial, desde que identificados elementos que caracterizem certas condições e parâmetros comportamentais.

Importante notar, no entanto, que independentemente do cenário que causar interesse legal para a defesa da concorrência, o efeito econômico sobre o preço será idêntico. Logo, a teoria econômica não indica efeitos diferentes, pelo menos não sob a perspectiva abstrata-conceitual, para o abuso de posição dominante e o cartel.

4.3 Custos de transação

Uma hipótese identificada na análise de eventuais justificativas para testar a validade da premissa de que o cartel é a infração mais grave seria a de que o cartel produz custos de transação que deveriam ser repassados aos consumidores, o que faria com que a captura do excedente do consumidor devesse ser maior no caso do cartel se comparada com o que ocorreria em um caso de abuso de posição dominante, por exemplo. Por essa razão, o conceito de custo de transação será importante à análise presente.

O estudo dos custos de transação é associado ao debate proposto por Ronald Harry Coase que questionava o custo de gerenciar transações livre no mercado e o custo daquelas feitas dentro de uma organização[185].

David Kupfer e Lia Hasenclever definem custos de transação como algo decorrente da soma de dois pressupostos: (i) racionalidade limitada, complexidade e incerteza; e (ii) oportunismo e especificidade de ativos[186].

---

185 COASE, Ronald Harry. *The firm, the market and the law*. Chicago: The University of Chicago Press, 1990, p. 75.

186 KUPFER, David; HASENCLEVER, Lia. *Economia industrial*: fundamentos teóricos e práticas no Brasil. 2. ed. São Paulo: GEN Atlas, 2012.

A análise do custo de transação tem sido realizada em três níveis no estudo das organizações: a estrutura da empresa como um todo, a parte mais operacional da empresa para a produção do bem ou serviço e a forma como os ativos humanos e operacionais estão organizados. Os dois últimos níveis são relevantes para dar a dimensão dos custos inerentes às transações realizadas pelas firmas, internamente e com o mercado[187]. Além disso, as transações diferem por três elementos: frequência, grau de incerteza e necessidade de ativos específicos. Por isso, alguns defendem que o custo de transação tem relação com a governança das empresas, tanto interna, quanto a que rege o relacionamento entre empresas e entre a empresa e o mercado[188].

Para alguns, a governança na relação contratual é muito importante para definir se e quais custos de transação existirão na relação comercial. Assim, as relações comerciais têm idiossincrasias que as tornam relevantes para a definição de custos[189]. Para outros, no entanto, o algoritmo orientado a maximizar o resultado de cada transação é o que orienta o *homo economicus*[190].

Os custos de transação podem estar presentes antes de se concretizar a transação, vale dizer, quando é mais difícil predizer se a transação irá ocorrer nas condições imaginadas pelas partes, por exemplo, pagamentos ou definição de padrões e especificações técnicas por órgãos do governo. Os custos pós realização da operação são particularmente importantes nas relações duradouras e estão relacionados à gestão de conflitos e do próprio contrato[191].

---

187 WILLIAMSON, Oliver E. The economics of organization: the transaction cost approach. *American Journal of Sociology*, v. 87, n. 3, 1981, p. 549.

188 WILLIAMSON, Oliver E. The economics of organization: the transaction cost approach. *American Journal of Sociology*, v. 87, n. 3, 1981, p. 552.

189 WILLIAMSON, Oliver E. Transaction-cost economics: the governance of contractual relations. *The Journal of Law & Economics*, v. 22, n. 2, 1979, p. 241.

190 PONDÉ, José Luiz (coord.). Custos de transação e inovações institucionais. *Texto para Discussão*, 38, IE/UNICAMP, 1994, p.15. Nesse artigo, o autor faz referência, para esse aspecto específico, à obra de Coase.

191 PONDÉ, José Luiz. Coordenação, custos de transação e inovações institucionais. *Texto para Discussão*, 38, IE/UNICAMP, 1994, p. 19.

Os custos de transação existem. Em razão da complexidade trazida pela multiplicidade de partes envolvidas em um cartel, é possível assumir que o cartel produz, potencialmente, maiores custos de transação que o cenário de abuso de posição dominante. Porém, se o objetivo é alcançar a maior renda, baseada na percepção de valor do consumidor e não pressionada pela concorrência, que está prejudicada em um caso de infração à ordem econômica, a preocupação com o custo (de transação, ou não) não deveria interferir no dano à coletividade, mas, sim, na margem do infrator.

Cabe avaliar se, no cartel, por conta da eventual existência de custos de transação maiores, o agente econômico, por princípio, racional, deveria escolher uma alternativa melhor para maximizar seus ganhos. Talvez, alcançando posição com algum poder de mercado para, então, abusar de tal posição. Dessa forma, poderá cobrar o mesmo preço, mas a partir de custos menores.

4.4 Eficiências e bem-estar

A relevância de se entender as eficiências e o impacto no bem-estar das condutas empresariais está relacionada à análise dos efeitos de eventual infração, que será prejudicada na abordagem da infração por objeto, conforme mencionado acima, que somente afetaria o caso de cartel. No entanto, vale o aprofundamento do tema.

Para Jorge Fagundes, as várias eficiências devem estar organizadas em um marco teórico mais amplo que permita sua interação para definir os níveis de bem-estar do coletivo dos indivíduos que compõem a sociedade sob a ótica econômica, ou, genericamente, consumidores[192]. Como para o autor nem todo aumento de eficiência gera obrigatoriamente uma condição mais favorável aos consumidores, a definição dos níveis de bem-estar e a medição dos impactos das condutas sobre esse nível são fundamentais. Mais adiante, Jorge Fagundes aponta a

[192] FAGUNDES, Jorge. *Fundamentos econômicos das políticas de defesa da concorrência* – eficiência econômica e distribuição de renda em análise antitruste. São Paulo: Singular, 2003, p. 113.

dificuldade de se estabelecer um critério distributivo da eficiência na análise antitruste:

> [...] a partir da suposição de que os formuladores e executores das políticas de defesa da concorrência não dispõem de uma função de bem-estar social, nem são capazes – como nenhuma área do governo – de compensar efetivamente os agentes econômicos lesados com resultado de efeitos anticompetitivos derivados de atos de concentração e condutas anticompetitivos – basicamente os consumidores – que somente um critério distributivo que maximize o excedente do consumidor fornece uma base normativa segura, do ponto de vista de seus resultados sobre o bem-estar social, para a intervenção do Estado no campo da distribuição de renda no âmbito das relações de concorrência[193].

Em relação à eficiência, Thomas V. Conti menciona: "[...] eficiência é uma palavra com mais de um significado possível. Em economia temos a eficiência da técnica, eficiência alocativa, a eficiência de Pareto e a eficiência Kaldor-Hicks"[194].

Décio Zylbersztajn e Rachel Sztajn observam que a eficiência indica a capacidade de se atingir o melhor resultado, utilizando-se o mínimo de recursos (mínimo de desperdício e erro), o que difere do conceito de eficácia que estaria reduzido à capacidade de alcançar os fins desejados[195].

Também é possível obter referência do CADE em relação ao conceito de eficiência:

> 21. É possível interpretar – e a jurisprudência do CADE o faz – que o *standard* de bem-estar do consumidor também está insculpido no art. 1º da Lei quando a defesa dos consumidores é listada como um

---

193 FAGUNDES, Jorge. *Fundamentos econômicos das políticas de defesa da concorrência* – eficiência econômica e distribuição de renda em análise antitruste. São Paulo: Singular, 2003, p. 159.

194 CONTI, Thomas V. Análise de impacto regulatório: razões e consequências. *In*: ARAÚJO, Luiz Nelson Porto; DUFLOTH, Rodrigo V. (org.). *Ensaios em law & economics*. São Paulo: LiberArs, 2019, p. 401.

195 ZYLBERSZTAJN, Décio; SZTAJN, Rachel. *Direito e economia*: análise econômica do direito e das organizações. Rio de Janeiro: Elsevier, 2005, p. 81.

dos princípios constitucionais norteadores da defesa da concorrência, bem como no seu parágrafo único quando a coletividade é considerada titular dos bens jurídicos protegidos por esta Lei.

22. Nesse sentido, o princípio do bem-estar do consumidor deve servir para nortear a aplicação da chamada regra da razão. No entanto, repiso que a regra da razão não deve ser confundida com o teste de *balancing*. A regra da razão é, muito simplesmente, inquirir se a conduta em questão tem racionalidade econômica além dos efeitos anticoncorrenciais, e se tais efeitos poderiam ser atingidos de forma menos restritiva à concorrência[196].

Para se aferir o bem-estar social, as políticas de defesa da concorrência identificam dois critérios em geral: (i) excedente total e (ii) excedente do consumidor.

Jorge Fagundes[197] explica os pressupostos para identificar o excedente total. Inicialmente, deve-se supor um mercado competitivo, de produto homogêneo, com custos marginais constantes e inexistência de fatores que impeçam o exercício de poder de mercado (ex. baixa rivalidade, barreiras à entrada e inexistência de poder de barganha). Em situação de quantidade de equilíbrio (qE), o preço é competitivo e igual ao custo marginal.

Nesse cenário, se houver um processo de alteração da dinâmica concorrencial (concentração ou concertação entre concorrentes) que resulte em cobrança de preço monopolístico e considerando a quantidade menor (q1), maximizam-se os lucros do fornecedor. Mesmo desconsiderando eventual perda do excedente do consumidor, haverá um ganho de bem-estar social.

O excedente total será o resultado de uma variação do custo e do preço, condicionados aos elementos da elasticidade. Se o balanço for

---

196 RV n. 08700.005308/2019-84; voto-vista da Conselheira Paula Farani de Azevedo Silveira; 150a SOJ. DOU, 1ª Seção, 5/12/2019, p. 71.

197 FAGUNDES, Jorge. Eficiência econômica em análise antitruste. *In*: GILBERTO, André Marques; CAMPILONGO, Celso Fernandes; VILELA, Juliana Girardelli (org.). *Concentração de empresas no direito antitruste brasileiro*: teoria e prática dos atos de concentração. São Paulo: Singular, 2011, p. 244.

positivo, entende-se que o resultado é um incremento do bem-estar; se negativo, o resultado é uma redução.

Figura 14 – Análise do bem-estar social

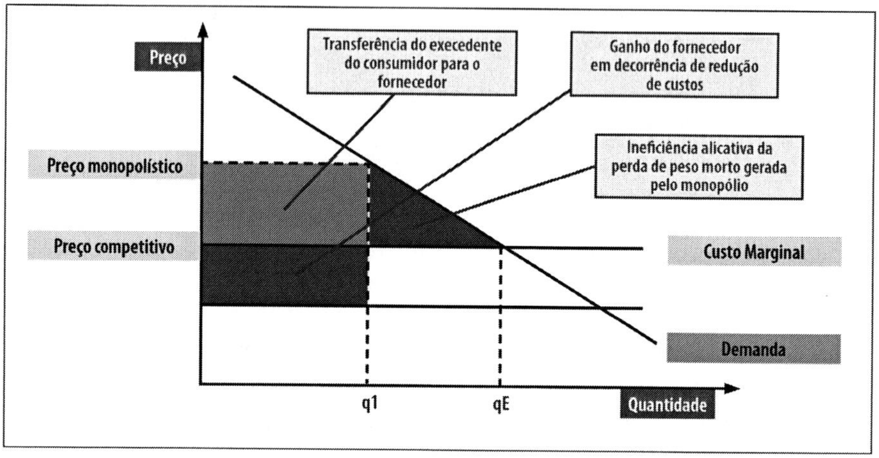

Fonte: Elaboração própria com base em Williamson.

De qualquer forma, a presente análise tem por objeto os casos em que a infração está dada e, então, saber se a infração de cartel é mais grave que as demais, como sustenta o postulado propagado pela OCDE. Os casos de condutas consideradas lícitas, mesmo em decorrência das eficiências, não estão incluídos nesse escopo.

5

Análise dos efeitos não justifica a premissa

Para a teoria econômica, a distorção da dinâmica concorrencial de um mercado gera perda de bem-estar. Philippe Aghion e Mark Schankerman[198] indicam a influência positiva da concorrência no bem-estar social em vários aspectos, inclusive na redução do custo médio de produção pela "seleção natural" dos ofertantes mais eficientes e na geração de opções de melhor qualidade e mais baixo custo para o consumidor.

Quanto ao efeito das condutas ilegais, nos casos extremos, o efeito sobre o bem-estar social de uma prática abusiva de poder econômico unilateral (*i.e.* abuso de posição dominante) e a colusão (*i.e.* cartel) trariam, no limite, a mesma consequência: cobrança de preço monopolístico. Isso implicaria, na prática, as mesmas perdas ao consumidor e à comunidade.

Em síntese, é possível afirmar que o efeito das infrações econômicas para o bem-estar social é que o excedente que deveria ficar com o consumidor é, artificial e abusivamente, capturado ou mantido pelo fornecedor ou fornecedores.

---

[198] AGHION, Philippe; SCHANKERMAN, Mark. On the welfare effects and political economy of competition-enhancing policies. *The Economic Journal*. Oxford, [s. l.], n. 114, p. 800-824, out. 2004, p. 801.

O monopólio, muitas vezes inevitável, é uma estrutura de mercado socialmente indesejada quando produz ineficiências. Reduz o incentivo à inovação, pelo menos como regra geral, e traz oportunidade para cobrança do preço monopolístico. Com isso, além de capturar o excedente do consumidor, deixará desatendido aquele interessado no produto ou serviço que não tenha recursos para adquirir a esse montante.

Além das ineficiências estáticas, há, ainda, ineficiências dinâmicas relacionadas às reduções nos incentivos para se introduzir inovações por conta da existência de condutas anticompetitivas no mercado.

Importante frisar que a manipulação do mercado gerada pelo cartel interfere indevidamente no nível de incerteza e preservar o nível de incerteza natural em um mercado é a premissa e o propósito da defesa da concorrência, embora alguns discordem dessa premissa[199].

No caso do abuso de posição dominante, no contexto extremo de um monopólio[200], o agente dominante abusa de sua posição para impedir o ingresso de novos concorrentes, a despeito de não haver barreiras naturais ao ingresso de novos entrantes. Por exemplo, exige exclusividade para fornecimento aos clientes, celebra contratos de longo prazo e pratica preços predatórios quando ameaçado, dentre outras hipóteses.

A dificuldade da caracterização de tais (e outras) práticas como abusivas é que elas são, em essência, permitidas. A lei permite contratar com exclusividade, por longos prazos, e proporciona liberdade para as empresas precificarem seus produtos ou serviços. Mas, em algumas circunstâncias, quando essas práticas são adotadas por empresas com posição dominante, podem servir apenas para impedir a pressão concorrencial e, com isso, manter o preço em níveis acima do que estariam se não houvesse a prática ilegal.

Nas hipóteses de cartel, o preço é elevado como decorrência dos arranjos típicos dessa conduta (*e.g.* fixação de preço entre concorrentes).

---

[199] CRUZ, André Santa. *Direito empresarial.* Salvador: JusPodivm, 2021, p. 145. O autor defende que a lei de defesa da concorrência "significa, na verdade, a própria eliminação do processo concorrencial".

[200] Também é possível identificar situações semelhantes em casos de oligopólios.

Diante disso, parece razoável afirmar que, conceitualmente, os efeitos do abuso de poder econômico e do cartel são semelhantes: eliminar ou impedir a concorrência e cobrar preço supracompetitivo. O bem-estar social é afetado em ambos os casos pela captura artificial do excedente do consumidor pelo fornecedor (ou fornecedores). No primeiro caso, o preço não baixará e, no segundo, subirá.

Figura 15 – Comparação do efeito sobre o bem-estar social – abuso de posição dominante vs. cartel

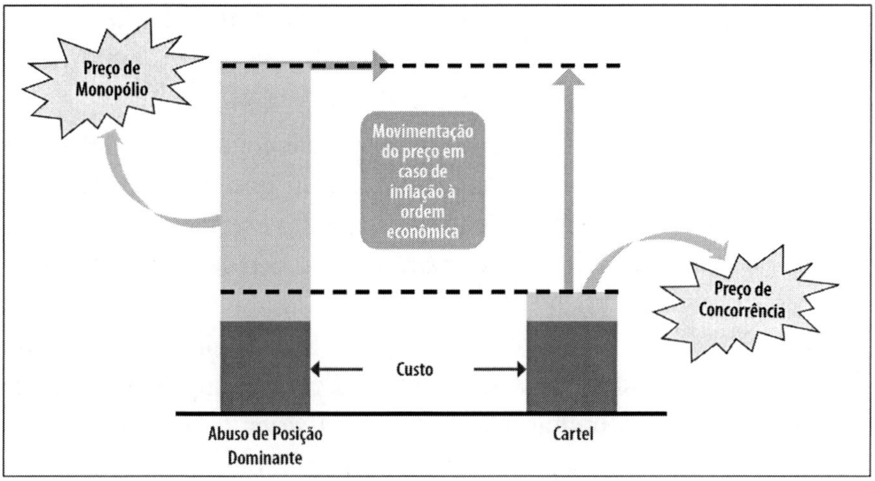

Fonte: Elaboração própria.

O bem-estar social é comumente relacionado à eficiência dos mercados. Diz-se que um mercado é eficiente quando ele gera um excedente total (consumidor e fornecedor) que não é maximizado. Utilizando-se o critério de Pareto[201], segundo o qual se defende que o cenário ideal é aquele que dá o máximo de retorno para o maior número de pessoas, chega-se ao conceito de ótimo de Pareto, que, nas palavras de José Carrera-Fernandez significa:

201 Vilfredo Pareto, sociólogo e economista italiano.

> Ótimo de Pareto é um estado social que se caracteriza pela condição em que é impossível melhorar a situação de algum indivíduo sem piorar a situação de outro. Em outras palavras, o ótimo de Pareto é a fronteira formada por um conjunto de pontos para os quais não existem estados Pareto-superior[202].

Nos cenários de infração à ordem econômica, esse "ótimo" é abalado, uma vez que se afasta do equilíbrio competitivo (que é eficiente de Pareto por definição – 1º Teorema do Bem-Estar Social[203]). A situação do consumidor fica pior e a do fornecedor infrator fica melhor, e tudo isso em razão de uma prática ilegal. Mais uma vez, importante ressaltar que o *homo economicus* é um maximizador de resultado que também vai procurar capturar o excedente de forma lícita. Cabe à autoridade, respeitando o devido processo legal, separar as duas situações.

Uma vez definido o impacto conceitual das condutas que infringem a ordem econômica, parece razoável concluir que, nos extremos, os efeitos são muito similares: no cartel, os agentes econômicos eliminam a concorrência através de acordos para cobrar preço de monopolista[204] e, assim, capturar parte do excedente do consumidor; no abuso de posição dominante, o agente econômico com poder monopolista (ou tendente ao monopólio) irá abusar desse poder para evitar o ingresso de novos concorrentes ou o exercício de poder de barganha de seus clientes ou consumidores para prosseguir cobrando preço de monopolista e, com isso, artificialmente manter a captura de parte do excedente do consumidor.

Importante registrar que esta premissa considera que os efeitos da conduta unilateral perpetrada pelo agente que detém posição dominante são ilegais (produz mais ineficiências do que eficiências).

---

202 CARRERA-FERNANDEZ, José. *Curso básico de microeconomia*. Salvador: EDUFBA, 2009, p. 438.

203 VARIAN, Hal R. *Microeconomia*: princípios básicos. 7. ed. Rio de Janeiro: Elsevier, 2006, p. 807.

204 O cartel não se resume somente ao acordo de preços, pode haver acordo de volume, qualidade e divisão de mercado (clientes ou geográfica). Mas, como em todos os casos haverá a tendência de o acordo ilegal resultar em manutenção ou aumento do patamar de preços, estamos resumindo o efeito do cartel ao impacto preço.

Aqui, registra-se um primeiro elemento desafiador da premissa do direito econômico internacional, que indica o cartel como a conduta mais grave contra a livre concorrência. Vale dizer: ambas as condutas, conluios entre concorrentes (generalizadas aqui como o cartel) e as unilaterais ilegais (generalizadas aqui como abuso de posição dominante) produzem efeito líquido negativo ao bem-estar social e subtraem ou não permitem que o excedente do consumidor seja maior. Portanto, o efeito potencial não parece ser suficiente para justificar o postulado.

5.1 Estrutura do mercado influencia a ocorrência de cada conduta

As condições necessárias para ser factível a ocorrência de um abuso de posição dominante não são, necessariamente, as mesmas para a ocorrência de um cartel. Considerando o caso extremo de um mercado monopolizado, com apenas um agente econômico, é impossível haver a prática de cartel.

Essa constatação empírica é importante para relativizar a incidência da premissa da OCDE. Vale dizer, não é possível sustentar a premissa como verdadeira quando há inúmeros mercados em que o cartel não é factível, ainda que seja possível ocorrer um abuso de posição dominante. Nesse contexto, o cartel não será a infração mais grave, inclusive porque é impossível sua ocorrência. Mas não é só.

O setor financeiro dos Estados Unidos da América registra a existência de cerca de 5000 bancos em atividade[205]. No Brasil, esse mercado apresenta muito menos alternativas, com concentração muito maior de poder nos poucos agentes existentes. Portanto, para alguns mercados, a depender do país, pode nem sequer fazer sentido falar em abuso de poder econômico, enquanto para outros, essa questão pode ser central.

---

[205] FORBES. *America's Best And Worst Banks 2020*. Disponível em: https://www.forbes.com/sites/antoinegara/2020/01/22/americas-best-banks-2020/#56fdc4fe4392. Acesso em: 10 jun. 2020.

Ainda que timidamente, há muito se questiona se o cartel é, de fato, mais danoso que o abuso de posição dominante[206]. Conforme apontado, a probabilidade de ocorrência de uma infração à ordem econômica depende, além de outros fatores, da estrutura de mercado na qual os agentes atuam.

Em videoconferência promovida pelo Itaú BBA, o Ministro da Economia, Paulo Guedes, criticou a concentração de mercados no Brasil. Para ele, com reformas e ampliação de investimentos, a economia ficará mais competitiva: "Em vez de termos 200 milhões de trouxas sendo explorados por seis bancos, seis empreiteiras, seis empresas de cabotagem, seis distribuidoras de combustíveis; em vez de sermos isso, vai ser o contrário. Teremos centenas, milhares de empresas"[207].

As condutas concertadas (como o cartel) dependem, em linhas gerais, de um mercado com menos agentes, com estruturas de custo e produção semelhantes, que tenham o preço como maior elemento de competição e vendam para um número grande de clientes ou consumidores. Não é, portanto, qualquer mercado que permite a ocorrência de um cartel.

No entanto, é inegável que os mercados pressionados para o acúmulo do capital (ou maximização das receitas) "são transformados oligopolicamente e, por essa razão, não se pode contar, por maior tempo, com uma formação independente de preço"[208].

Igualmente, as condutas de abuso de posição dominante requerem condições de mercado que as permitam. Por exemplo, não há abuso de posição dominante se não houver posição dominante. Vale dizer, se o

---

[206] GAL, Michal S. *et al. The economic characteristics of developing jurisdictions*: their implications for competition law. Northampton: Edward Elgar Publishing Limited, 2015, p. 265.

[207] O TEMPO. *Brasil tem 200 milhões de 'trouxas' explorados por seis bancos, afirma Guedes*. 9 maio 2022. Disponível em: https://www.otempo.com.br/economia/brasil-tem-200-milhoes-de-trouxas-explorados-por-seis-bancos-afirma-guedes-1.2335409. Acesso em: 29 maio 2022.

[208] HABERMAS, Jürgen. *Mudança estrutural da esfera pública*: investigações quanto a uma categoria da sociedade burguesa. Trad. Flávio R. Kothe. Rio de Janeiro: Tempo Brasileiro, 1984, p. 149.

mercado se apresentar com inúmeros agentes e nenhum deles detiver participação de mercado igual ou superior a 20%, segundo o critério adotado pelo CADE, não estará caracterizada posição dominante e, com isso, esvazia-se qualquer discussão de abuso.

Mas não é apenas a concentração de mercado que permite o exercício de abuso de posição dominante. A existência de barreiras à entrada de novos agentes também contribui para gerar o ambiente mais favorável à consecução de práticas ilegais de abuso de poder de mercado, conforme destaca publicação da OCDE de 2007:

> Barreiras à entrada são importantes porque afetam praticamente todos os casos de infração concorrencial, salvo os casos de infração *per se* como, por exemplo, os cartéis clássicos. É necessário considerar barreiras quando se está avaliando posição dominante, quando se busca determinar se uma conduta unilateral pode impedir novas empresa de ingressar no mercado e quando se analisa os efeitos potenciais de uma fusão ou aquisição, entre outros casos. Se uma fusão vai gerar concentração de mercado a um ponto que preocupa a autoridade concorrencial pelos possíveis efeitos negativos da concentração, a avaliação das barreiras é importante pois a entrada de novos concorrentes pode neutralizar a redução de concorrência sempre que a entrada seja fácil, tempestiva e representativa. Da mesma forma, quando as autoridades entendem que se deve rejeitar uma fusão, devem demonstrar que tal entrada rápida e representativa é pouco provável. Da mesma forma, a demonstração de barreiras significantes à entrada é necessária para demonstrar que elevadas participações de mercado se traduzem em poder de mercado, tendência a monopolizar e casos de abuso de posição dominante[209].

---

[209] OECD. Policy Brief. *Competition and Barriers to Entry*. Jan. 2007. Disponível em: https://www.oecd.org/competition/mergers/37921908.pdf. Acesso em: 2 jun. 2022. No original: "*Barriers to entry are important because they are relevant in virtually every kind of competition case other than per se offences such as participating in a hard-core cartel. It is necessary to consider entry barriers when assessing dominance, when determining whether unilateral conduct might deter new firms from participating in a market, and when analysing the likely competitive effects of mergers, to name a few examples. If a merger will substantially increase concentration to the point where a competition agency is concerned about possible anticompetitive effects, entry barriers matter because competition will not be reduced if new firms would enter easily, quickly and significantly. Consequently,*

Tal como sustenta Michael E. Porter, a entrada de novas empresas no mercado significa nova capacidade, luta por participação de mercado e investimentos no setor, todos elementos que podem resultar em redução de preços[210]. Para o autor, essa entrada está ameaçada pelas seguintes barreiras:

a) *Economias de escala*: redução dos custos unitários de um produto ou serviço quando a quantidade produzida aumenta em um determinado período;

b) *Diferenciação do produto*: mercados em que empresas estabelecidas têm sua marca ou produto identificados pelos consumidores, que nutrem sentimento de lealdade. Normalmente, esses mercados demandam investimentos elevados em publicidade e atendimento ao consumidor;

c) *Necessidade de capital*: O investimento inicial pode ser uma barreira quando ele é elevado e em atividades de risco e irrecuperáveis (*sunk costs*);

d) *Custo de mudança*: também chamado de custo de transação, trata-se de custo existente pelas mudanças no negócio: mudar de fornecedor, mudar de endereço, mudança na linha de produção, entre outras;

c) *Acesso a canais de distribuição*: dependendo da complexidade da distribuição, a restrição ao acesso a canais de distribuição pode significar a restrição ao próprio ingresso no mercado;

f) *Desvantagens de custos independentes de escala*: pode ocorrer de as empresas já estabelecidas em um determinado mercado terem vantagens "impossíveis de serem igualadas",

---

agencies seeking to block a merger will usually need to show that entry barriers make quick, significant new entry unlikely. Similarly, establishing the presence of substantial entry barriers is usually necessary to prove that a high market share translates into market power in monopolisation and abuse of dominance cases".

210 PORTER, Michael E. *Estratégia competitiva*: técnicas para análise de indústrias e da concorrência. Trad. Elizabeth Maria de Pinho Braga. 7. ed. Rio de Janeiro: Campus, 1986, p. 25.

por exemplo: patentes, acesso facilitado a matéria-prima, localização estratégica, subsídios, entre outros; e

g) *Políticas governamentais*: a necessidade de aprovações regulatórias, limite de participantes, assim como leis e regulamentos podem interferir na dinâmica de acesso a mercados[211].

As barreiras à entrada são reconhecidas pela legislação concorrencial brasileira e pela própria jurisprudência do CADE.

Quando não existem barreiras à entrada, o abuso de posição dominante é menos provável (a própria dominância em si é mais difícil de observar). Igualmente, não é, portanto, qualquer mercado que permite a ocorrência de abuso de posição de domínio.

Como se pode notar, a necessidade da presença de certas condições estruturais não implica diferenciar a conduta do cartel da conduta de abuso de posição dominante. No entanto, aponta para um elemento importante da análise ora proposta: a casuística.

Sem ingressar no mérito de qual conduta seria a mais grave ou danosa, resulta lógico concluir que haverá mais chance de se concretizar uma conduta do que outra, a depender das condições estruturais do mercado e dos incentivos para os agentes econômicos. A estrutura do mercado, com isso, viabiliza ou exclui possibilidades de infrações e torna casuística a capacidade de existir e/ou a intensidade de produzir efeitos para cada uma das modalidades de infração à ordem econômica.

Embora não sirva para negar a gravidade do cartel, essa realidade casuística parece servir para não permitir afirmar, peremptoriamente, a validade da premissa de que o cartel seria (sempre) a infração mais grave. Pelo contrário, parece haver um claro sinal de que o cartel, em alguns casos, será a única conduta racional e, em muitos outros, não será possível ou não será a melhor escolha do agente econômico. O dogma não se sustenta com base nessa perspectiva.

---

211 PORTER, Michael E. *Estratégia competitiva*: técnicas para análise de indústrias e da concorrência. Trad. Elizabeth Maria de Pinho Braga. 7. ed. Rio de Janeiro: Campus, 1986, p. 26-31.

5.2 O perfil da economia brasileira

Embora a hipótese já tenha sido relativizada pela constatação de que a existência e o potencial de efeitos de uma conduta podem variar muito em decorrência da estrutura e das características do mercado em que ela se insere, é importante entender a realidade da economia brasileira para avaliar se adotar a premissa objeto do presente estudo é condizente com a realidade da economia brasileira e, como consequência, se persegue o melhor interesse público.

Historicamente, o Brasil tem uma economia concentrada e monopolista[212].

Em terras americanas, num primeiro momento, Portugal concedeu a Fernão de Noronha o direito à exploração do pau-brasil (*Paubrasilia echinata*), exploração que foi desnudando a faixa litorânea e que representou o primeiro recurso econômico disponibilizado pela colônia. Hélio Vianna[213] registra que, além de papagaios, periquitos e macacos, em 1511 "a Feitoria de Cabo Frio carregou 5.000 toros de 20 a 30 quilos (de pau-brasil) cada um". O pau-brasil, monopolizado pelo Rei, foi a riqueza inicial da história brasileira a engordar os cofres portugueses. Essa atividade extrativista dependeu do braço indígena e foi amparada pelo escambo.

Júlio Seabra Inglez de Souza lembra que, uma vez descobertas as novas terras, e constatada sua pobreza das desejadas especiarias, são elas relegadas ao esquecimento durante mais de trinta anos. "Não fora a pirataria francesa a traficar com nossos silvícolas pau-brasil e outros produtos da terra, certamente não teríamos, tão cedo a visita de colonos de Portugal". Foi nas mãos do fidalgo Martim Afonso de Sousa, encarregado pelo rei da primeira expedição colonizadora, que passando a trazer "as primeiras canas doces, as primeiras bananeiras,

---

212 Essa tendência é notada também na concentração de renda no país. SOUZA, Pedro H. G. Ferreira de. *Uma história de desigualdade*: a concentração de renda entre os ricos no Brasil, 1926-2013. São Paulo: Hucitec, 2018, p. 371.

213 VIANNA, Hélio. *História do Brasil*. Período Colonial, Monarquia e República. 13. ed. São Paulo: Melhoramentos, 1977.

laranjeiras, outras plantas e alguns animais domésticos", "[o] Brasil nascia para a civilização"[214].

Ainda enquanto Martim Afonso estava no Brasil, D. João III "decidiu, enfim, iniciar a ocupação e colonização do Brasil. Para fazê-lo, dividiu a colônia em 12 capitanias hereditárias e as repartiu entre membros da burocracia estatal", conforme relata Eduardo Bueno[215]. Formaram-se, assim, monopólios regionais.

Celso Furtado[216] observa que Chipre produzia um açúcar de primeira classe, que "envolvia segredos técnicos"; e que Veneza detinha o monopólio sobre o produto, até que os portugueses entraram no mercado. Tecnicamente, Portugal alcançou um avanço considerável, sem o qual "o êxito da empresa brasileira teria sido mais difícil ou mais remoto". Enquanto a Espanha sangrava os metais preciosos de suas colônias, Portugal inclinou-se para a produção agrícola, paralelamente a uma gradual decadência da economia espanhola. Mas o nativo mostrou-se inadaptado ao trabalho nos engenhos, e a certa altura, irremediavelmente, "o açúcar matou o índio"[217].

José Inácio Gonzaga Franceschini e Vicente Bagnoli[218] registram que "paralelamente ou subsidiariamente ao ciclo da cana-de-açúcar ocorreu o ciclo econômico da pecuária no Nordeste, século XVII, voltado para o mercado interno". Além disso, "a mineração (ciclo do ouro) possibilitou a formação de um mercado interno na Colônia. A partir de 1780, o declínio da mineração abre espaço ao renascimento agrícola, com destaque ao açúcar, café, algodão e fumo. "A situação brasileira

---

214 INGLEZ DE SOUSA, Júlio Seabra. *Uvas para o Brasil*. Piracicaba: FEALQ, 1996.

215 BUENO, Eduardo. *Náufragos, traficantes e degredados*: as primeiras expedições ao Brasil, 1500-1531. Rio de Janeiro: Objetiva, 1998, p. 167.

216 FURTADO, Celso. *Formação econômica do Brasil*. 34. ed. São Paulo: Companhia das Letras, 2007, p. 35-41.

217 FREYRE, Gilberto. *Casa-grande & senzala*: formação da família brasileira sob o regime da economia patriarcal. 19. ed. Rio de Janeiro: José Olympio, 1978, p. 157.

218 FRANCESCHINI, José Ignácio Gonzaga; BAGNOLI, Vicente. *Direito concorrencial*. 2. ed. São Paulo: Thomson Reuters Brasil. (Coleção Tratado de Direito Empresarial, v. 7 – coord. Modesto Carvalhosa), 2018, p. 150-152.

era marcada por um "total" monopólio de "mão-dupla". Tanto para exportar, cujas vendas o Brasil só poderia fazer para Portugal, quanto para importar, já que a Colônia só podia comprar da Metrópole"[219].

Quando Ruy Barbosa se torna ministro da fazenda (1889-1891), tenta implementar parte de suas ideias desenvolvimentistas, inclusive para superar a crise do café[220]. O processo de substituição de importações que ele buscou promover acabou sendo tímido e concentrado em quem já tinha renda. Vale dizer, replicou-se a concentração de renda existente entre produtores rurais no processo de industrialização da época.

No período do Estado Novo[221] e, em certa medida auxiliado pelos efeitos da Segunda Guerra Mundial (1939-1945), o Brasil produziu outro movimento desenvolvimentista. Foi construída a Usina de Volta Redonda (1941), criada a Companhia Siderúrgica Nacional (1941), melhorada a Estrada de Ferro Central do Brasil e criada a Companhia Vale do Rio Doce (1942)[222]. Todas grandes empresas com elevado poder de mercado ou monopolistas.

Nesse período, Agamemnon Magalhães apresentou estudo para sustentar a legislação concorrencial e apontou o elevado nível de concentração da economia nacional:

---

219 FRANCESCHINI, José Ignácio Gonzaga; BAGNOLI, Vicente. *Direito concorrencial.* 2. ed. São Paulo: Thomson Reuters Brasil. (Coleção Tratado de Direito Empresarial, v. 7 – coord. Modesto Carvalhosa), 2018, p. 150-152.

220 SECURATO, José Cláudio. *Economia brasileira*: história, conceitos e atualidades. 2. ed. São Paulo: Saint Paul, 2011, p. 236.

221 Período da história do Brasil que teve como dirigente Getúlio Vargas e vigorou de 1937 a 1945.

222 SECURATO, José Cláudio. *Economia brasileira*: história, conceitos e atualidades. 2. ed. São Paulo: Saint Paul, 2011, p. 238.

Figura 16 - Concentração da Produção e Distribuição monopolista do Brasil (Oligopólios de vendas de firmas dominadoras com controle do mercado superior a 50% - No período de 1940 -1947).

Indústria	Número de firmas no mercado	Número de firmas dominadoras	% do controle do mercado pelas firmas dominadoras
Produção brasileira de ferro laminado	12	1	50%
Aço	24	5	85%
Carvão mineral	39	4	70%
Banha RS (exportações)	42	7	60%
Trigo (importação)	44	5	56%
Produção de trigo pelos moinhos	99	8	73%
Movimento de trigo brasileiro	86	11	68%
Exportação do mate	45	10	67,3%
Cimento Nacional	10	3	73,7%
Borracha (compra e venda)	1	1	100%
Carnes frigorificadas	13	4	80%
Indústria têxtil	420	10	50%
Indústria de rayon	4	4	56%
Indústria de linho	30	1	56%
Leite fresco	3	1	50%
Mercado do DF	1	1	100%

Fonte: MAGALHÃES, Agamemnon. Abuso do poder econômico. Recife: FM, 1949, p. 21.

Já no governo de Juscelino Kubitschek (1956 a 1961), o plano de metas foi importante para direcionar o desenvolvimento da economia brasileira a partir de profundas mudanças estruturais na produção brasileira no final dos anos 1950[223]. Foi nesse período que a industrialização brasileira experimentou transformações estruturais decisivas[224]. Houve um acentuado processo de diferenciação industrial em curto espaço de tempo. Foi justamente nesse período que se instalaram no Brasil indústrias como a automobilística, construção naval, componentes elétricos, máquinas e equipamentos. Mesmo a Petrobras, criada em 1953, teve importante desenvolvimento nesse período.

Essa tendência de desenvolvimento atrelado a processos *concentracionistas* também foi observada no período no regime militar[225]. Nesse contexto, os Planos Nacionais de Desenvolvimento exerceram papel protagonista, conforme destaca Tercio Sampaio Ferraz Junior:

> Esta industrialização forçada foi em parte liderada pelos investimentos diretos do Estado, em parte por esta induzida por estímulos que culminaram numa franca política de agregação empresarial, como se pode ver, do ângulo jurídico, pelos dispositivos concentracionistas das leis n. 5.727/71 (Io PND) e 6151/74 (IIo. PND) e, neste último, com a criação do COFIE – estímulos fiscais – e do FMRI e PMRC, no âmbito do BNDE, todos destinados a incentivar a política de fusão e incorporação nos setores em que "a excessiva disseminação de empresas nacionais lhes retire o poder de competição e as coloque em posição frágil, perante o concorrente estrangeiro (IIo. PND, item I, 3) [226].

---

223 MARSON, Michel Deliberali. O Plano de Metas e a estrutura empresarial e financeira da indústria de máquinas e equipamentos no Brasil: Dedini e Romi, 1955-1961. *Economia e Sociedade*, v. 27, n. 2, 2018 (*online*), p. 663-690. Disponível em: https://doi.org/10.1590/1982-3533.2017v27n2art11. Acesso em: 29 jul. 2022.

224 SERRA, José. Ciclos e mudanças estruturais na economia brasileira do após-guerra. *Revista de Economia Política*, v. 2, n. 6, abr.-jun. 1982, p. 23.

225 NUSDEO, Ana Maria de Oliveira. *Defesa da concorrência e globalização econômica*: o controle da concentração de empresas. São Paulo: Malheiros, 2002, p. 221.

226 FERRAZ JUNIOR, Tercio Sampaio. A concentração econômica e fiscalização administrativa (entendimento do art. 74 da Lei 4.137/62, segundo a redação do art. 13 da Lei 8.158/91). *In*: *Revista de Direito Administrativo,* v. 193 I-IV, I-464, Rio de Janeiro, jul.-set. 1993.

Em obra inteiramente dedicada ao tema, Maria da Conceição Tavares traz detalhes acerca da origem e da tendência histórica à concentração de mercado na economia brasileira[227].

Uma nota adicional a merecer destaque é a criação da Comissão de Fusão e Incorporação de Empresas (COFIE), "com a atribuição de apreciar os processos de reavaliação, fusão e incorporação de empresas em atividade no país" (Decreto-Lei n. 1.182/1971). Fomentava-se, ostensivamente, a concentração econômica e inaugurava-se uma busca pelos "campeões nacionais", replicada no período da primeira década dos anos 2000[228].

Mais recentemente, tivemos um período em que se fomentou a criação dos "campeões nacionais". Em março de 2004, o Poder Executivo brasileiro lançou a Política Industrial, Tecnológica e de Comércio Exterior (PITCE) voltada a estimular a competitividade da indústria doméstica[229]. Nessa mesma direção, em 2011, foi criado o Plano Brasil Maior (PBM), um programa para elevar a competitividade nacional. Nesse contexto, vale destacar o Programa de Sustentação de Investimentos, conforme descreve Roberto Ellery Júnior:

> PSI que tinha como objetivo estimular o investimento, de modo a manter a economia aquecida. O programa começou em julho de 2009 e só foi encerrado em dezembro de 2015. Até 2011, as ações do programa foram realizadas apenas pelo BNDES e, a partir de 2011,

---

[227] TAVARES, Maria da Conceição. *Da substituição de importações ao capitalismo financeiro*: ensaios sobre economia brasileira. 4. ed. Rio de Janeiro: Zahar, 1975.

[228] MUNGIOLI, Rafael Palma. *O desenvolvimentismo possível*: política de campeões nacionais e a inserção internacional do Brasil em inícios do século XXI. Dissertação (Mestrado em Economia Política Internacional), Universidade Federal do Rio de Janeiro, 2019, p. 88.

[229] Na esteira da PITCE, foram editadas importantes leis para o fomento da inovação e da indústria nacional: Lei da Inovação (10.973/2004), Conselho Nacional de Desenvolvimento e Agência Brasileira de Desenvolvimento Industrial (11.080/2004), Lei do Bem (11.196/2005), Lei da Biossegurança (11.105/2005) e Política de Desenvolvimento da Biotecnologia (6.041/2007).

este passou a tocar o programa em parceria com a Financiadora de Estudos e Projetos (Finep)[230].

Nesse período, tivemos a consolidação de empresas em diversos setores[231].

Esse quadro de recorrente concentração tem origem na formação econômica do Brasil e continua até os dias atuais[232]. Calixto Salomão[233] chama de *monopólio absoluto* o modo de colonização utilizado por Portugal e Espanha na América Latina. O monopólio exportador absoluto é, na verdade, o principal elemento do processo de colonização: "sob sua sombra nada floresce". Segundo o autor, essa condição monopolista praticada na Colônia transfigura-se em seguida para uma prática similar, pois, "na América Latina os monopólios de exportação simplesmente se modificaram de produtos agrícolas para *commodities* exportáveis (agrícolas, minerais ou eventualmente em alguns casos industriais de baixa tecnologia)". E, num segundo momento, as estruturas monopolistas vão se tornando internacionais, "expandem para os chamados 'novos setores dinâmicos' e os efeitos dos desequilíbrios econômicos nas economias subdesenvolvidas são multiplicados".

Calixto Salomão faz ainda excelente resumo dos impactos tidos pelos monopólios do período da colonização no desenvolvimento e

---

230 ELLERY JÚNIOR, Roberto; NASCIMENTO JUNIOR, Antônio; SACHSIDA, Adolfo. Avaliando o impacto do programa de sustentação do investimento na taxa de investimento da economia brasileira. *In*: *Texto para discussão* – Instituto de Pesquisa Econômica Aplicada. Brasília/Rio de Janeiro: Ipea, 1990.

231 Pode-se citar a JBS, BRF, Marfrig, OGX e Oi. ESTADO DE MINAS. Economia. *BNDES articulou consolidação dos frigoríficos.* 26 mar. 2017. Disponível em: https://www.em.com.br/app/noticia/economia/2017/03/26/internas_economia,857261/bndes-articulou-consolidacao-dos-frigorificos.shtml. Acesso em: 10 maio 2022.

232 Sobre a influência da estrutura e foco da política brasileira de defesa da concorrência: FALCO, Guilherme de Aguiar. *Índices de política de concorrência*: avaliação do caso brasileiro. Dissertação (Mestrado). Universidade Federal de São Carlos, 2014.

233 SALOMÃO FILHO, Calixto. *Direito concorrencial.* 2. ed. Rio de Janeiro: Forense, 2021, p. 14-16.

na estrutura da economia dos países colonizados[234]. Assim, sistemas baseados em monopólio, sem desenvolvimento de mercado interno, sacrificando o desenvolvimento econômico endógeno e reservas de mercado foram estabelecendo o padrão econômico da América Latina.

Não por outra razão, hoje há inúmeros setores da economia da região hiperconcentrados, se comparados com os mesmos setores de outros países. Por exemplo, as empresas de saneamento são monopólios legais (em algumas circunstâncias, naturais); há, praticamente, quatro empresas no setor de telefonia com presença relevante no Brasil[235]. Além disso, temos cerca de cinco bancos de varejo que representam mais de 85% das movimentações financeiras do país[236], a indústria química de base para a transformação do plástico é praticamente monopolizada por uma única empresa[237], no mercado de alimentos processados há uma empresa com grande destaque em termos de participação de mercado[238]

---

[234] SALOMÃO FILHO, Calixto. *Historie critique des monopoles* – une perspective juridique et économique. Paris: LGDJ, 2010.

[235] A soma da participação de mercado das quatro principais empresas do setor supera os 95% do mercado total, seja considerando serviços de voz, 3G e 4G. CARVALHO, G.; VASCONCELOS, S. Análise da concentração do mercado brasileiro de telefonia móvel. *Revista de Defesa da Concorrência*, Brasília, v. 8, n. 1, p. 47-71, 2020. Disponível em: https://revista.cade.gov.br/index.php/revistadedefesadaconcorrencia/article/view/468. Acesso em: 10 maio 2022, p. 19.

[236] PACHECO, Thaise Maria Neves Duarte. *Concentração bancária no Brasil*: à luz dos princípios da livre concorrência e da defesa do consumidor. Curitiba: Juruá, 2020, p. 80. Segundo fontes indicadas pela autora, o setor financeiro tem mais de 85% do mercado concentrado em apenas cinco instituições.

[237] Existe uma grande concentração do mercado de insumos de primeira geração com a Braskem. Isso não ocorre com o mercado de terceira geração que conta com mais de 10.000 agentes econômicos ativos. NEDER, Euler E.; BACIC, Miguel J.; SILVA, Ana L. G. da. *O mercado brasileiro de resinas termoplásticas*: concentração de mercado na cadeia produtiva e de fornecimento. Disponível em: https://www.ipen.br/biblioteca/cd/cbpol/2009/PDF/584.pdf. Acesso em: 9 maio 2022.

[238] De acordo com informações públicas, em 2020, a BRF detém participação de mercado de 43,4% e a JBS detém mais de 20% em alguns segmentos. S/A.VAREJO. *BRF, JBS e M. Dias*: aumento de vendas e variações no *share*. 17 ago. 2022. Por: Alessandra Morita. Disponível em: https://www.savarejo.com.br/detalhe/reportagens/brf-jbs-e-m-dias-aumento-de-vendas-e-variacoes-no-share. Acesso em: 2 maio 2022.

e as bebidas do dia a dia (refrigerante e cerveja) têm o mercado controlado por uma empresa dominante[239].

Os exemplos de indústrias concentradas são infindáveis no Brasil.

O "fato concentração" é indiscutível na economia brasileira. Segundo Washington Peluso Albino Souza, esse cenário influenciou as políticas econômicas e originou "a necessidade de sua regulamentação jurídica nesse sentido, quer como 'uso', quer como 'abuso' do Poder Econômico"[240].

Além da concentração nesses mercados, há, ainda, casos em que existem barreiras mais elevadas para o ingresso de novos agentes econômicos. A partir de uma visão panorâmica do mercado, é possível identificar muitos mercados monopolizados, diversos com duopólios e vários outros com estruturas oligopolizadas.

Nos casos de monopólios, ou situações de domínio de mercado exercido por uma única empresa, poderá ocorrer, presentes as condições de mercado, o abuso de posição dominante. Nos mercados oligopolizados, em diversas hipóteses, poderá ocorrer os dois cenários: cartel e abuso de posição dominante.

De qualquer forma, as características estruturais da economia brasileira não indicam que o cartel seja a conduta mais provável. Pelo contrário, em vários segmentos isso nem é possível, em razão da ausência de agentes econômicos competidores; em diversos outros, a ocorrência do abuso de posição dominante é tão ou mais provável.

Em que pese não ser a probabilidade de ocorrência aspecto central para definir a gravidade de cada infração, a constatação de que o cartel não é plausível, ou a melhor opção para o agente econômico, ao menos no Brasil, implica eventual revisão da política pública de defesa da concorrência. Isso porque a adoção da premissa de forma absoluta

---

239 A Ambev detém mais de 60% de participação de mercado no Brasil. PODER 360. *Produção brasileira de cerveja sobe 2,9 pontos em 2020 e retoma patamar de 2014*. Por: Marina Barbosa. 22 ago. 2021. Disponível em: https://www.poder360.com.br/economia/producao-brasileira-de-cerveja-sobe-29-pontos-em-2020-e-retoma-patamar-de-2014/. Acesso em: 5 maio 2022.

240 SOUZA, Washington Peluso Albino de. *Primeiras linhas de direito econômico*. 6. ed. São Paulo: LTr, 2005, p. 258.

como vem sendo feita interfere na aplicação dos recursos públicos e na dosimetria das penas aplicadas pelo CADE.

5.3 A instabilidade do cartel

A instabilidade do acordo de cartel é outro elemento que relativiza a validade da premissa em análise, por uma razão simples: a instabilidade pode significar que, em grande parte dos casos, o potencial lesivo do cartel não é atingido justamente em decorrência dessa sua característica.

O caráter instável do acordo entre concorrentes é reconhecido universalmente. Diz-se que "a lógica econômica que promove a criação do cartel é a mesma que incentiva seu rompimento"[241]. Esta instabilidade afeta diretamente o preço do produto ou serviço objeto do acordo ilícito.

Faz coro a essa constatação a lição de George J. Stigler, ao esclarecer que a colusão é impossível para algumas indústrias e, quando possível, será mais efetiva em algumas circunstâncias em detrimento de outras[242], ainda que o autor não refute a premissa de que mercados oligopolizados têm incentivo para a cartelização.

Em estudo sobre o tema, Margaret C. Levenstein e Valerie Y. Suslow questionaram:

> Será que as empresas conseguem gerenciar traições? Será que a colusão sobrevive? Se sim, por quanto tempo? Se não, por que não? Qual o impacto dos cartéis sobre lucros e preços enquanto eles existem? Qual impacto eles têm na estrutura das indústrias depois que eles deixam de existir? (tradução livre)[243].

---

241 GABAN, Eduardo Molan. DOMINGUES, Juliana Oliveira. *Direito antitruste*: o combate aos cartéis. São Paulo: Saraiva, 2009, p. 173. Os acordos entre concorrentes devem considerar o aumento de custo com o monitoramento porque deve-se cuidar para evitar que empresas estejam traindo o acordo, concedendo descontos secretos para obter mais participação de mercado (ou escala). WHISH, Richard. *Competition law*. 6. ed. Londres: Oxford, 2009, p. 505.

242 STIGLER, George J. A theory of oligopoly. *Journal of Political Economy*, v. 72, n. 1, fev. 1964, p. 44.

243 LEVENSTEIN, Margaret C.; SUSLOW, Valerie Y. What determines cartel success? *Journal of Economic Literature*, v. 44, n. 1, mar. 2006, p. 43. No original: "*Do firms manage to deter cheating? Does collusion survive? If so, for how long? If*

Segundo as autoras, há três principais desafios para a formação do cartel. O primeiro deles consiste em selecionar seus participantes e organizar o arranjo entre eles. O segundo, monitorar o comportamento dos seus integrantes para verificar se estão cumprindo o combinado, identificar e penalizar eventuais traições. Finalmente, o terceiro propõe evitar o ingresso de novos agentes econômicos não alinhados com o cartel. Menciona-se, ainda, o eventual poder de barganha dos clientes como um fator externo que pode interferir na efetividade do cartel.

Na seleção dos participantes e na organização do arranjo entre eles, coloca-se a questão da heterogeneidade dos produtos ou serviços, dos processos produtivos e das transações[244].

---

not, why not? What impact do cartels have on profits and prices while they are in existence? What impact do they have on industry structure after their demise?".

244 Por exemplo, diferenças tributárias. No Brasil, a distorção gerada pela guerra fiscal estre Estados da Federação já foi objeto de discussão concorrencial pelos impactos trazidos. No caso da organização de um cartel com abrangência nacional (ou regional) irá trazer a complexidade de fixar preço ou alocação de clientes em virtude, também, da complexidade tributária das empresas envolvidas. Para um aprofundamento sobre as questões tributárias e o direito da concorrência, ver: BRAZUNA, José Luís Ribeiro. Defesa da concorrência e tributação. À luz do artigo 146-A da Constituição. *In*: *Série de Doutrina Tributária*, v. II. São Paulo: Quartier Latin, 2009. Para uma visão contraposta, ver artigos de Igor Mauler Santiago no Conjur. SANTIAGO, Igor Mauler. *Fisco não pode fechar empresas com dívidas tributárias elevadas (parte 1)*. 28 mar. 2018. Conjur. Disponível em: https://www.conjur.com.br/2018-mar-28/consultor-tributario-fisco-nao-fechar-empresas-dividas-tributarias-elevadas-parte. Acesso em: 29 jul. 2022; SANTIAGO, Igor Mauler. *Fisco não pode fechar empresas com dívidas tributárias elevadas (parte 2)*. 11 abr. 2018. Conjur. Disponível em: https://www.conjur.com.br/2018-abr-11/fisco-nao-fechar-empresas-dividas-tributarias-elevadas. Acesso em: 29 jul. 2022; SANTIAGO, Igor Mauler. *Fisco não pode fechar empresas com dívidas tributárias elevadas (parte 3)*. 9 maio 2018. Conjur. Disponível em: https://www.conjur.com.br/2018-mai-09/consultor-tributario-fisco-nao-fechar-empresas-endividadas. Acesso em: 29 jul. 2022; SANTIAGO, Igor Mauler. *Fisco não pode fechar empresas com dívidas tributárias elevadas (parte final)*. 18 jul. 2018. Conjur. Disponível em: https://www.conjur.com.br/2018-jul-18/consultor-tributario-fisco-nao-fechar-empresas-dividas-tributarias-elevadas. Acesso em: 29 jul. 2022.

O monitoramento e o desafio de evitar as traições é o principal fator de instabilidade do cartel[245]. Nesse contexto, surgem alguns elementos típicos dessa modalidade, a exemplo do facilitador, entidade que irá auxiliar na formação e no acompanhamento do acordo de cartel, embora não integre o mercado propriamente dito[246]. Buscar mecanismos para alcançar maior transparência na precificação no mercado também será um desafio. Nesse ponto, vale mencionar que a "guerra de preço" é uma das soluções mais comuns para disciplinar o cartel[247]. Ainda que eventual guerra de preço possa fazer parte do acordo ilegal, é inegável que a disputa, ainda que temporária, gera benefícios aos consumidores. Não por outra razão, é dito que existem "cartéis que continuaram a existir no papel por vários anos, mas com mínimos efeitos sobre o preço"[248].

A instabilidade dos acordos de cartel é reconhecida na doutrina[249] e na teoria econômica já mencionada. A jurisprudência do CADE já concordou que "todo cartel é sujeito a algum grau de instabilidade, o que significa que algum participante, em algum momento, tentará romper o acordo"[250]. A situação gera condutas erráticas e, muitas vezes, contraditórias. Vale dizer, o resultado esperado – cobrança do preço monopolístico – não é alcançado. Em uma análise póstuma ao julgamento do caso, Alessandro Vinícius Marques de Oliveira[251] analisou o comportamento

---

245 STIGLER, George J. A theory of oligopoly. *Journal of Political Economy*, v. 72, n. 1, fev. 1964, p. 48.

246 INGLEZ DE SOUZA, Ricardo. Associações setoriais e o caso dos cimentos. *In:* ANDERS, Eduardo Caminati; RIBAS, Guilherme Favaro Corvo; VILLELA, Mariana; CRISTOFARO, Pedro Paulo Salles; BAGNOLI, Vicente (coord.). *5 anos lei de defesa da concorrência*: gênese, jurisprudência e desafios para o futuro. São Paulo: IBRAC, 2017, p. 310.

247 LEVENSTEIN, Margaret C.; SUSLOW, Valerie Y. What determines cartel success? *Journal of Economic Literature*, v. 44, n. 1, mar. 2006, p. 44.

248 LEVENSTEIN, Margaret C.; SUSLOW, Valerie Y. What determines cartel success? *Journal of Economic Literature*, v. 44, n. 1, mar. 2006, p. 45.

249 SALOMÃO, Calixto. *Direito concorrencial*. 2. ed. Rio de Janeiro: Forense, 2021, p. 444.

250 PA n. 08012.006043/2008-37.

251 OLIVEIRA, Alessandro Vinícius Marques de; MACHADO, Eduardo Luiz; OLIVEIRA, Gesner; FUJIWARA, Thomas. Avaliação de cartéis: o caso das pedras

e os eventuais resultados gerados para uma das empresas acusadas e condenadas pelo cartel das britas. Nesse caso, conclui:

> [...] o procedimento utilizado pela SDE, aplicado ao caso individual da empresa analisada, não permite concluir que esta última tenha se comportado em conformidade com a prática cartelizada e tampouco que tenha obtido benefícios associados a tal ilícito [...] No período alegado pela SDE como sendo de cartelização do mercado, observou-se resultado contrário, ou seja, queda dos *mark-ups* [...][252].

A instabilidade do cartel é confrontada pela estabilidade intrínseca ao abuso de posição dominante. O agente econômico que detenha poder de mercado não depende de seus concorrentes para praticar a infração. Está sujeito, por evidente, a diversos desafios, mas não aos conflitos da coordenação e traições.

Inegável, portanto, que o cartel enfrenta a instabilidade como grande empecilho para (i) ser viável ou, ainda, (ii) ser capaz de atingir o seu potencial de capturar o excedente do consumidor, o que não ocorre nos casos de abuso de poder de monopólio ou de posição dominante. Portanto, mais raramente irá causar o dano à coletividade que a teoria projeta e, assim, empiricamente, não poderá ser considerado *mais grave* do que as demais condutas anticompetitivas.

5.4 O interesse público e as políticas públicas de defesa da concorrência

O interesse público tutelado pela Lei de Defesa da Concorrência é definido, em síntese, como prevenção e repressão às infrações contra a ordem econômica. É orientado pelos ditames constitucionais de liberdade de iniciativa, livre concorrência, função social da propriedade, defesa dos consumidores e repressão ao abuso do poder econômico. A OCDE indica que o objetivo mais comum das políticas de defesa da concorrência ao

---

britadas. In: A revolução do antitruste no Brasil 2: a teoria econômica aplicada a casos concretos. São Paulo: Singular, 2008, p. 385.

[252] PA n. 08012.002127/02-14.

redor do mundo é "a manutenção do processo competitivo ou da livre concorrência, ou a proteção ou promoção da concorrência eficaz"[253].

Do ponto de vista econômico, identificam-se dois objetivos que deveriam ser complementares: alocação eficiente dos recursos e a manutenção (ou melhora) do bem-estar social.

Daniel K. Goldberg salientou que encarar o direito da concorrência como política pública "implica uma discussão acerca da sua capacidade para fomentar o bem-estar dos indivíduos afetados direta ou indiretamente"[254].

O contexto pede o esclarecimento ainda tempestivo de Cesare Beccaria, que já defendia que as leis deveriam ser: "[...] convenções feitas livremente entre homens livres, [...] a obra de um prudente observador da natureza humana, que tenha sabido dirigir todas as ações da sociedade com este único fim: todo o bem-estar possível para a maioria"[255].

Todo direito que depende de uma ação do Estado para ser exercido irá demandar a "implementação de programas e ações, e que tais sejam concretizadas de maneira eficiente a fim de realizar os objetivos, direitos e garantias previstos" no ordenamento jurídico[256].

Nesse sentido, Jürgen Habermas sustenta:

> As garantias jurídicas, ou seja, vincular as funções do Estado a normas gerais, protegem, junto com as liberdades codificadas no sistema do Direito Privado burguês, a ordem do mercado-livre[257].

---

253 OCDE. *Diretrizes para elaboração e implementação de política de defesa da concorrência*. Trad. Fabíola Moura e Priscila Akemi Beltrame. Revisão técnica: John Ferençz McNaughton. São Paulo: Singular, 2003, p. 31.

254 GOLDBERG, Daniel K. *Poder de compra e política de antitruste*. São Paulo: Singular, 2006, p. 76.

255 BECCARIA, Cesare. *Dos delitos e das penas*. Ridendo Castigat Mores, 1764. Disponível em: www.jahr.org. Acesso em: 27 jul. 2022, p. 14 (*ebook*).

256 CHUDZIJ, Luísa Fófano. *Políticas públicas*: princípio da eficiência e a responsabilidade do agente público. Curitiba: Appris, 2020, p. 47.

257 HABERMAS, Jürgen. *Mudança estrutural da esfera pública*: investigações quanto a uma categoria da sociedade burguesa. Trad. Flávio R. Kothe. Rio de Janeiro: Tempo Brasileiro, 1984, p. 99.

> A luta das forças democráticas contra o capitalismo é que possibilitou ao sistema continuar existindo. Pois não só ela tornou suportáveis as condições de vida do trabalhador: ela manteve ao mesmo tempo abertos os mercados de colocação dos produtos acabados [...] Este mecanismo [...] explica a conexão entre a tendência à concentração de capital e um crescente intervencionismo estatal[258].

Para Eros Grau, a Constituição Federal trata de uma lei "voltada à preservação do modo de produção capitalista":

> A ordem econômica na Constituição de 1988 – digo-o – postula um modelo de bem-estar. Esta, a configuração peculiar assumida pela ordem econômica na Constituição de 1988, afetada por regime informado por definida atuação estatal em relação ao processo econômico – não apenas intervencionismo, pois, projetado como missão estatal[259].

Assumindo qualquer das hipóteses (bem-estar social ou promoção da liberdade econômica), a política de defesa da concorrência acaba fomentando a estrutura que maximize o nível de rivalidade entre os concorrentes, mantendo a incerteza que promove excedentes socialmente mais eficientes.

Nesse contexto, vale registrar a ressalva feita por Paula A. Forgioni:

> [...] seria de se esperar que o estudo da matéria [aplicação da lei de defesa da concorrência] por especialistas fosse pautado nessa perspectiva, desnudando a atuação estatal que se concretiza mediante a interpretação/aplicação das normas antitruste. Mas não é esse o enfoque majoritariamente dado. Nega-se ou transcura-se o caráter instrumental das normas antitruste, considerando-as apenas maneiras de 'eliminação dos efeitos autodestrutíveis do mercado' ou promotor da 'eficiência alocativa', em visão seguramente ultrapassada ou viciada, pois despreza uma das mais poderosas ferramentas de que

---

258 HABERMAS, Jürgen. *Mudança estrutural da esfera pública*: investigações quanto a uma categoria da sociedade burguesa. Trad. Flávio R. Kothe. Rio de Janeiro: Tempo Brasileiro, 1984, p. 174-175.

259 GRAU, Eros Roberto. *A ordem econômica na Constituição de 1988*. 17. ed. São Paulo: Malheiros, 2015, p. 307.

> pode lançar mão o Estado contemporâneo para implementação de suas políticas econômicas[260].

Essa provocação por instrumentalizar a lei de defesa da concorrência, trazendo para o seu âmbito finalidades diversas da *eliminação dos efeitos autodestrutíveis do mercado* ou a produção de eficiência, é objeto de debate há muito tempo[261]. Não se pretende esgotar, sequer aprofundar essa discussão no presente estudo.

De qualquer forma, limitados os objetivos da lei à eliminação dos efeitos autodestrutíveis do mercado ou à produção de eficiência, não parece haver maior resultado priorizando a perseguição à prática do cartel.

Como visto, há estruturas de mercado e economias que sequer permitem a existência de cartéis. Demonstra-se, ainda, que infrações de abuso de posição dominante têm potencial para criar situações que perpetuam a cobrança de preço monopolístico, gerando ineficiências e prejuízos ao bem-estar social idênticos aos do cartel. Portanto, se o Brasil conta com inúmeros mercados concentrados, inclusive monopolizados, priorizar o combate ao cartel será amputar parte do objetivo a ser perseguido com a política de defesa da concorrência.

---

260 FORGIONI, Paula A. *Os fundamentos do antitruste*. 8. ed. São Paulo: RT, 2015, p. 192.

261 Na análise do processo de compra da Garoto pela Nestlé (Ato de concentração, n. 08012.001697/2002-89), o CADE realizou visita à fábrica e reunião com sindicatos para avaliar o impacto da operação sobre os empregos.

6

Proposta de *lege ferenda*

Diante das constatações dessa pesquisa, é imperioso haver uma alteração de paradigma para que a defesa da concorrência, seja como política pública, seja como ramo do direito, atinja de forma mais aguda seus objetivos.

A LDC não estabelece a priorização das condutas colusivas. O dispositivo que trata dos efeitos e das condutas que podem ser consideradas ilegais (Art. 36, LDC) não indica o cartel como a principal conduta a se combater, ao contrário, dá-lhes o mesmo tratamento.

Da mesma forma, o artigo que trata das penalidades (Art. 37, LDC) não discrimina que penalidade aplicar em um caso de cartel como distinta (e maior) daquela a ser aplicada em um caso de conduta unilateral ou de abuso de posição dominante.

Porém, o CADE tem alocado mais recursos para investigar e tem adotado o padrão de multar cartéis de forma mais rigorosa. Como se notou, esse viés da política pública de proteção da livre concorrência e todos os valores nela envolvidos estão baseados na premissa que não se confirma e, para a realidade brasileira, não se mostra pertinente.

Com isso, urge adequar prioridades e estabelecer maior equilíbrio dos recursos públicos para haver vigilância e rigor igualmente no combate a condutas unilaterais de abuso de posição dominante e nos casos de cartel.

Para isso, propõe-se três medidas: 1) elaborar e editar resolução do CADE sobre dosimetria das multas; 2) elaborar e editar um guia de condutas unilaterais; e 3) alterar o Decreto n. 11.779/2008, para que a data celebre a promoção à livre concorrência e não apenas ao combate aos cartéis.

6.1. Elaborar e editar resolução do CADE

Embora nada haja a adaptar na LDC, sugere-se editar uma resolução do CADE para disciplinar a dosimetria das multas aplicadas pelo Tribunal do Conselho. Dessa forma, seria estabelecido um novo parâmetro que aplicaria a dosimetria prevista em lei sem diferenciar se o caso é de cartel ou de abuso de posição dominante, mas, sim, por fatores empíricos e relacionados aos danos efetivamente causados na economia e mercado brasileiros.

O Plenário do CADE tem competência para instruir o público sobre as formas de infração da ordem econômica (art. 9º, XIV, LDC) e para elaborar e aprovar regimento interno do CADE, dispondo sobre seu funcionamento, forma das deliberações, normas de procedimento e organização de seus serviços internos (art. 9º, XV, LDC). A dosimetria e a forma de penalizar condutas consideradas infrações à ordem econômica são claramente hipóteses que se enquadram nesses dispositivos da LDC.

A dosimetria já foi, inclusive, objeto de consulta pública de resolução[262], no entanto, tratava-se de dosimetria aplicada apenas para casos de cartel.

Inicialmente, a sugestão deverá gerar novação legislativa com caráter *ex nunc*, seja por força dos princípios constitucionais, seja pelo que prevê a legislação ordinária sobre processos administrativos federais[263]. Nesse sentido, Sérgio Ferraz e Adilson Abreu Dallari defendem

---

[262] Disponível em: https://sei.cade.gov.br/sei/modulos/pesquisa/md_pesq_documento_consulta_externa.php?DZ2uWeaYicbuRZEFhBt-n3B-fPLlu9u7akQAh8mpB9yPG_2gAhtQ8dnUey9IRSC3amaHsRg4s7GSz_LELWaZX5G7x31uYg6yZbntvg_2LOtq7VZv0FNaRr_ewiEOln3F8. Acesso em: 25 mar. 2022.

[263] A Lei n. 9.784/1999, art. 2º, parágrafo único, XIII, prevê que a interpretação da norma deve ser feita da forma que melhor garanta o atendimento do fim público a que se dirige. Nesse sentido, a proposta irá corrigir a distorção gerada pela

que a nova interpretação que afeta "a relação subjacente ao litígio ou à postulação não pode ser aplicada retroativamente"[264]. É certo que a legislação que regula o processo administrativo federal também se aplica subsidiariamente aos processos perante o CADE (art. 115, LDC)[265].

A norma teria como princípios mestres a renúncia à premissa de que o cartel é a pior infração à ordem econômica e que o interesse público tutelado pela LDC impõe o necessário equilíbrio na utilização dos recursos alocados para implementar essa política, com a consequente perseguição de práticas de abuso de posição dominante na mesma intensidade e rigor que os casos de cartel.

Considerando-se os aspectos elencados na LDC (Art. 45, LDC) a qual, ressalte-se, não prioriza o combate aos cartéis, sugere-se uma resolução que defina:

a) A gravidade da infração: rechaça-se qualquer tentativa de atribuir a gravidade de uma infração pela sua natureza. Se é um caso de abuso de posição dominante ou um cartel, não será essa a bússola para definir a gravidade, como já relatado. Entende-se que a gravidade está relacionada ao contexto do caso concreto, a saber: boa-fé do infrator, vantagem auferida, consumação da infração, grau de lesão à livre concorrência, economia nacional, consumidores e, finalmente, efeitos produzidos no mercado. Também é importante considerar, para esse fim, a reincidência. A soma desses fatores resultará na identificação da gravidade de uma conduta. Por exemplo, um caso em que empresas concorrentes tenham se reunido, discutido e combinado um preço para o produto por elas ofertado

---

concentração de recursos e aplicação de penas mais rígidas aos cartéis. Além disso, prevê que é vedada aplicação retroativa de nova interpretação. Por isso, a nova resolução aplicar-se-ia apenas aos casos futuros.

264 FERRAZ, Sérgio; DALLARI, Adilson Abreu. *Processo administrativo*. 2. ed. São Paulo: Malheiros, 2007, p. 193.

265 GILBERTO, André Marques. *O processo antitruste sancionador*: aspectos processuais na repressão das infrações à concorrência no Brasil. São Paulo: Lex, 2010, p. 41.

(cartel de preço), mas jamais implementaram o acordo deve ser encarada como uma conduta menos grave que o abuso de um monopolista que efetivamente impediu a entrada de inúmeros concorrentes e manteve o seu sobrepreço por mais de cinco anos.

b) *A boa-fé do infrator*: se o infrator planeja, mas não implementa; ou se, mesmo que implemente, decide, voluntariamente, abandonar a prática ilegal, merecerá ter uma atenuante considerada.

c) *Vantagem auferida*: esse é um aspecto importante, mas polêmico. É difícil, na esmagadora maioria dos casos, definir qual foi a vantagem auferida. Mas, sempre que possível, é importante ter esse aspecto em perspectiva, inclusive para calcular a proporcionalidade da multa a ser aplicada. Não é demais reiterar que se trata de critério útil a todas as condutas concorrenciais ilegais.

d) *Consumação ou não da infração*: o CADE já multou uma suposta tentativa de formação de cartel[266]. A consumação e a tentativa de infringir a ordem econômica merecem tratamentos diferentes.

e) *O grau de lesão, ou perigo de lesão, à livre concorrência, à economia nacional, aos consumidores, ou a terceiros*: poderia ser a outra face da vantagem auferida, mas a indicação de lesão à economia nacional, consumidores e terceiros remete a uma questão que pode ir além da questão financeira, de quanto se ganhou. É possível defender que este aspecto diz mais do impacto daquela prática na economia como um todo e, com isso, o quanto afeta a sociedade como um todo. Por exemplo, um caso de cartel de padarias em Brasília[267] não pode ser

---

[266] PA n. 08012.004484/2005-51. O CADE condenou, por maioria, a Siemens VDO Automóveis Ltda. (atualmente Continental do Brasil) por ter havido um suposto "convite" para cartelizar o mercado de tacógrafos no Brasil. O caso está sendo discutido judicialmente.

[267] Processo Administrativo n. 08012.004039/2001-68. O CADE condenou 18 padarias e 19 pessoas físicas em decorrência de acusação de prática de cartel, que

considerado mais lesivo à economia nacional que um caso de abuso de posição dominante no mercado brasileiro de bebidas que durou anos[268].

f) Os efeitos econômicos negativos produzidos no mercado: Para diferenciar dos demais itens, esse fator deverá ser utilizado para averiguar se a prática gerou efeitos negativos estruturais (*e.g.* efetivamente impediu o ingresso de novos entrantes e/ou promoveu a saída de concorrentes) ou comportamentais, com a adoção, ainda que não por arranjo, de conduta que gera ineficiências e captura indevida de excedentes.

g) A situação econômica do infrator: Trata-se de fator questionável e que pode aflorar uma perseguição ao "grande", o que não parece ser nem justo, nem recomendável. A sugestão é utilizar esse critério para validar a base de cálculo da multa e não o percentual a ser aplicado. Por exemplo, uma empresa investigada pode ter parado uma fábrica no ano anterior ao início do processo e, com isso, ter registrado um faturamento fora do contexto. Aplicar a multa com base nesse faturamento poderá significar uma pena inócua. Com base nessa avaliação, diante de evidências empíricas robustas, poderia ser utilizado critério alternativo para definir a base de cálculo da multa.

---

teria ocorrido no mercado de panificação na cidade de Sobradinho, no Distrito Federal. Ao total, as multas somaram cerca de R$ 650 mil. Maiores informações em: https://g1.globo.com/distrito-federal/noticia/2013/05/cade-multa-padarias--do-df-em-r-650-mil-por-formacao-de-cartel.html#:~:text=O%20Conselho%20Administrativo%20de%20Defesa,de%20R%24%2030%20mil%20cada.. Acesso em: 20 mar. 2022.

268 Processo Administrativo n. 08012.003805/2004-10. A empresa AmBev foi condenada pelo CADE a pagar multa de R$ 352 milhões. Naquela oportunidade, o CADE considerou que a empresa detinha mais de 70% de participação de mercado e instaurou um programa de fidelização e bonificação que abrangeu mais de 80 mil estabelecimentos. Alguns executivos da empresa também foram processados e fizeram acordo com a autoridade.

Maiores informações em: https://m.folha.uol.com.br/mercado/2009/07/598636-cade-aplica-multa-recorde-de-r-352-milhoes-a-ambev.shtml. Acesso em: 10 abr. 2022.

h) Reincidência: Embora pareça simples, não é. Basta praticar uma nova conduta concorrencial ilegal ou precisa ser a mesma, no mesmo mercado? Essa questão ainda gera polêmica[269]. Há alguma tendência de se entender que a reincidência significa a prática de uma infração por algum agente que já tenha sido condenado pela mesma prática, ou congênere. O CADE também já utilizou como parâmetro para caracterizar a reincidência a existência de condenação transitada em julgado. A ocorrência da nova infração após o trânsito em julgado da primeira infração e a nova infração deveria ocorrer em até cinco anos do trânsito em julgado da primeira[270].

6.2. Elaborar e editar guia de condutas unilaterais

O Brasil desenvolveu guias para várias questões envolvendo a infração do cartel. A edição desses materiais para as condutas de abuso de posição dominante será uma ação que estimulará a difusão desses conceitos, o melhor entendimento das visões da autoridade sobre questões relevantes do dia a dia das empresas e servirá para que a sociedade entenda o novo paradigma que tratará as infrações de abuso de posição dominante com a necessária prioridade e firmeza equivalentes a que se dedica ao cartel.

Não será novidade. Nos Estados Unidos da América, por exemplo, há um guia sobre questões concorrenciais e o exercício de direitos de propriedade intelectual[271], tipicamente exercidos por empresas com poder de mercado, inclusive em virtude desses direitos. Na Europa,

---

[269] Processo Administrativo n. 08012.009888/2003-70, White Martins gases Industriais Ltda.; Air Liquide Brasil Ltda.; AGA S.A. e outras. O CADE entendeu que a White Martins seria reincidente por haver sido condenada, em 2002, por impedir que competidores tivessem acesso a insumo necessários (açambarcamento).

[270] Ato de Concentração n. 08012.000256/2009-36.

[271] USA. Departament of Justice. *Antitrust Guidelines for the Licensing of Intellectual Property*. Issued by the U.S. Department of Justice and the Federal Trade Commission. 12 jan. 2017. Disponível em: https://www.justice.gov/atr/IPguidelines/download. Acesso em: 10 mar. 2022.

a Comissão Europeia desenvolveu um guia que trata dos contratos de distribuição[272].

O CADE já tem inúmeros casos envolvendo questões relevantes do exercício dos direitos de propriedade intelectual no Brasil[273] e os contratos de fornecimento e distribuição são extremamente relevantes para o cotidiano da economia nacional. Qualquer dos dois temas seria um bom início e um excelente sinal para os administrados.

Guilherme Favaro Corvo Ribas, por exemplo, trouxe reflexões importantes sobre a venda casada em obra originada de sua dissertação de mestrado. O autor sugere, aliás, teste objetivo e uso de critérios claros para identificar uma conduta que tem potencial de infringir a ordem econômica[274].

De forma mais amplificada, Paulo Brancher demonstra que o Brasil já desenvolveu doutrina suficiente para descrever as hipóteses em que a propriedade intelectual intersecciona com a defesa da concorrência[275] e, com isso, produzir diretrizes para que as empresas entendam hipóteses que podem gerar algum risco de caracterizar infração à ordem econômica.

---

272 EUROPEAN COMMISSION. *Directorate-General for Competition, the competition rules for supply and distribution agreements:* competition policy in Europe, Publications Office, 2013. Disponível em: https://data.europa.eu/doi/10.2763/67458. Acesso em: 10 mar. 2022.

273 PA n. 08012.002673/2007-51 (Vide voto detalhado do ex-Conselheiro Mauricio Oscar Bandeira Maia. Disponível em: https://sei.cade.gov.br/sei/modulos/pesquisa/md_pesq_documento_consulta_externa.php?DZ2uWeaYicbuRZEFhBt-n3B-fPLlu9u7akQAh8mpB9yPGtBWuMjRPQl6EG2yzGlIWHYkJLBDhoKaY03w-SuN436cLNgX4bHQ0Ru2n9Bx6R_5weggoG9GM9x2VEmkrQm7yh. Acesso em: 20 jun. 2022). Vide também PA n. 08012.011508/2007-91 (Voto detalhado da ex-conselheira Ana Frazão. Disponível em: https://sei.cade.gov.br/sei/modulos/pesquisa/md_pesq_documento_consulta_externa.php?xgSJHD3TI7Rh0CrGY-tJb0A1Onc6JnUmZgGFW0zP7uM98EZn6wPgAA4S5qa8PY3kHZNkkhQsX-qyoBEKE-QO53fIqG5lav2fhcDbqzn7pI9D98IPIhFtEItPa5ZxbeSnq9. Acesso em: 20 jun. 2022).

274 RIBAS, Guilherme Favaro Corvo. *Direito antitruste e propriedade intelectual*: uma abordagem sob a ótica das vendas casadas. São Paulo: Singular, 2011, p. 118.

275 BRANCHER, Paulo. *Direito da concorrência e propriedade intelectual*: da inovação tecnológica ao abuso de poder. São Paulo: Singular, 2010, p. 263.

6.3 Alterar o Decreto n. 11.779/2008, para que a data celebre a promoção à livre concorrência e não apenas ao combate aos cartéis

Finalmente, sugere-se alterar o Decreto n. 11.779/2008, que instituiu o dia nacional de combate ao cartel. Como dito, a instituição de uma data comemorativa para o combate ao cartel foi algo emblemático e útil para difundir a política de defesa da concorrência no Brasil. No entanto, esse viés acentuado de focar no combate a cartéis traz ineficiências para a política de defesa da concorrência. Por isso, sugere-se que o dia comemorativo seja adaptado para abranger não apenas cartéis, mas todas as infrações à ordem econômica.

Essa singela alteração legislativa pode representar um sinal claro do Estado à comunidade brasileira, principalmente aos agentes econômicos que nela atuam, de que as autoridades responsáveis por implementar políticas e aplicar a LDC irão perseguir infrações indistintamente, sejam de abuso de posição dominante, sejam de cartéis. Promover-se-á a livre concorrência em mercados concentrados e em mercados não concentrados, sempre buscando o bem-estar social.

7

Conclusão

Com relação à premissa de que o cartel é a infração mais grave à ordem econômica, a presente obra demonstrou que o dogma existe. Inúmeras referências nacionais e internacionais, do direito econômico e de autoridades responsáveis pela aplicação das políticas defesa da concorrência em diversas jurisdições, corroboram o entendimento esposado pela OCDE.

Além da doutrina nacional, foram avaliadas as decisões tomadas pelo CADE para difusão da cultura da defesa da concorrência e nos casos concretos. O que se constatou foi que o Brasil, influenciado pelo dogma, focou seus esforços no combate ao cartel. Os guias e documentos de orientação editados pelo CADE foram quase exclusivamente dedicados aos cartéis. A quantidade de investigações e condenações de cartéis é muitas vezes superior se comparadas a outras condutas consideradas ilegais pela LDC. Finalmente, recentes alterações legislativas e o critério atual de dosimetria de multas aplicada pelo CADE apontam indícios robustos de que o Brasil adotou, possivelmente sem o devido cuidado e análise, a premissa de maior gravidade do cartel.

Avaliou-se, ainda, a validade da premissa trazida pela OCDE e restou claro que não há fundamento legal, no Brasil, para sua adoção. Nem o texto constitucional, nem a LDC trazem qualquer disposição que sustente tratamento diferenciado entre o cartel e as demais condutas anticompetitivas. A referência constitucional é clara: a livre concorrência é um princípio que orienta a ordem econômica. O legislador originário não indicou o combate ao cartel como princípio, ou sequer deu destaque a esse viés. Além disso, como o cartel e o abuso de posição dominante antagonizam a liberdade de iniciativa e a concorrência, ambos merecem, segundo a melhor interpretação do texto constitucional, igual reprimenda. Não há base legal para que haja mais investigações e condenações de cartéis, muito menos para que as multas de cartéis sejam mais rigorosas, ainda que produzam, na prática, efeitos menos gravosos à economia brasileira.

O principal reflexo da adoção desse dogma é a deficiência na perseguição do interesse público tutelado pela política e pela lei de defesa da concorrência: o bem-estar social. Isto porque a tutela da ordem econômica na Constituição Federal de 1988 não distingue cartel de abuso de posição dominante. Ao contrário, indica e orienta seus parâmetros com valores e princípios que são afetados em ambas as situações. Uma vez que se prioriza o cuidado com o combate ao cartel, desequilibram-se os esforços e o empenho dos limitados recursos públicos. Com isso, as condutas unilaterais, por exemplo, ficam menos visíveis e menos repreendidas.

A teoria econômica também não serviu para justificar o dogma do cartel.

Quando analisado o comportamento do agente econômico – *homo economicus* –, que tende a maximizar suas receitas, identificou-se a incerteza provocada, dentre outros fatores, pela concorrência, como limitador em seu sistema de preços. A incerteza é subtraída tanto no caso de abuso de posição dominante, quanto nos casos de cartel.

Conceitualmente, nos casos extremos das hipóteses de infração à ordem econômica, o prejuízo para o bem-estar é idêntico no cartel e nas demais condutas, *i.e.* a cobrança de preços monopolísticos e, consequentemente, a perda de eficiência e bem-estar social.

A instabilidade inerente a todo arranjo ilegal de cartel também é um fator redutor da eficiência do acordo, portanto, do seu potencial lesivo. Por exemplo, para reprimir eventuais traições, os membros do cartel promovem pequenas guerras de preços que, embora ocorram para manter o arranjo ilegal, resultam, ainda que temporariamente, em benefício ao consumidor. Essa característica não está presente, em princípio, nos casos de abuso de poder econômico.

Ainda é possível encontrar quem defenda que o cartel seria mais gravoso por supostamente não haver eficiências, ou por essa conduta implicar custos de transação que deveriam ser repassados para o consumidor. Nesse caso, há ponderações a serem levantadas. Em primeiro lugar, é possível haver eficiências em "cartéis", visto que a cooperação entre concorrentes pode ser lícita, inclusive, chancelada pelas autoridades de defesa da concorrência. Note-se, por exemplo, as associações de empresas da indústria farmacêutica que somam esforços (mantendo a independência) para desenvolver novos medicamentos. Os processos de defesa comercial também levam em sua essência algum nível de cooperação lícita entre concorrentes. Quanto aos custos de transação, pondera-se que o resultado do cartel é cobrar o preço monopolístico, que trata de precificação mais relacionada à disposição do cliente para pagar pelo produto ou serviço, do que precificação orientada pelo custo.

Portanto, a teoria econômica sequer serve para justificar a validade da premissa de que o cartel é a infração mais grave.

A estrutura do mercado, as características da economia e outros fatores influenciam na capacidade de os seus agentes fazerem arranjos colusivos e/ou abusar de suas posições dominantes. Em alguns casos, a estrutura de mercado exclui a possibilidade de cartel (monopólio), ou indica incentivos mais prováveis de abuso de posição dominante, do que de acordo entre concorrentes.

A história da economia brasileira e as características de diversos mercados muito importantes a economia nacional apontam nessa direção: mercados altamente concentrados e barreiras à entrada de novos agentes. Aliada a isso, a política de defesa da concorrência centrada na perseguição aos cartéis incentiva mercados oligopolizados a praticarem mais o abuso de posição dominante do que o cartel.

Para um agente econômico com poder de mercado no Brasil, ainda que tenha algum nível de concorrência, valerá mais abusar de seu poder de mercado que tentar concordar com concorrentes sobre fatores de concorrência (*i.e.* preço, quantidade ou qualidade de produção e/ou divisão de mercado). Nos casos de abuso, as chances de detecção são menores, os processos mais longos, há mais chances de celebrar acordos, processo de análise mais custoso e complexo para as autoridades e, ao final, se constatada a infração, a multa é quase 10 vezes mais baixa. O caso de cartel traz ainda o risco de responsabilidade criminal das pessoas envolvidas. Esse cenário, influenciado pela adoção do dogma pelas autoridades brasileiras, somado ao histórico e estrutura da economia brasileira, tende a produzir mais casos de abuso de posição dominante do que casos de cartel.

Com isso, a política de defesa da concorrência torna-se ineficaz para a sociedade brasileira, não tem a capacidade de maximizar a promoção do bem-estar social e deixa passar ao largo práticas unilaterais por falta de atenção e recursos, em razão de manter foco desproporcional ao combate aos cartéis.

Conclui-se, por fim, que o dogma não se sustenta e, logo, não deveria influenciar a defesa da concorrência. Por isso, faz-se mister alterar o paradigma que influencia esta política e a legislação correlata no Brasil.

Referências

AGHION, Philippe; SCHANKERMAN, Mark. On the welfare effects and political economy of competition-enhancing policies. *The Economic Journal*. Oxford, [s. l.], n. 114, p. 800-824, out. 2004.

ALBUQUERQUE, Marcos Cintra Cavalcanti de. *Microeconomia*. São Paulo: McGraw-Hill, 1986.

ALEXY, Robert. *Teoria dos direitos fundamentais*. Trad. Virgílio Afonso da Silva. São Paulo: Malheiros, 2008.

________________. *Conceito e validade do direito*. Ernesto Garzón Valdés (org.). Trad. Gercélia Batista de Oliveira Mendes. São Paulo: Martins Fontes, 2009.

ANDRADE, José Maria Arruda de. *Economização do direito concorrencial*. São Paulo: Quartier Latin, 2014.

ARISTÓTELES. *Ética a Nicômaco*. 4. ed. Trad. Mário Gama Kury. Brasília: EdUNB, 2001.

ARRUDA, Maria Cecília Coutinho de; WHITAKER, Maria do Carmo; RAMOS, José Maria Rodriguez. *Fundamentos de ética empresarial e econômica*. São Paulo: Atlas, 2001.

AZEVEDO, Maria Alice da Silva. Origens da bioética. *In*: Perspectivas actuais em bioética. *Revista Nascer e Crescer* n. 19, p. 255-259, 2010.

BARBIERI FILHO, Carlo. *Disciplina jurídica da concorrência* – abuso do poder econômico. São Paulo: Resenha Tributária, 1984.

BARNETT, Thomas O. U.S. Department of Justice USA. *Global Antitrust Enforcement*. Antitrust Division. Presented at the Georgetown Law Global Antitrust Enforcement Symposium. September 26, 2007. Disponível em: https://www.justice.gov/atr/file/519236/download#:~:-text=Cartels%20remain%20%22the%20supreme%20evil,we%20know%20to%20be%20the. Acesso em: 2 fev. 2022.

BASTOS, Celso Ribeiro. *Dicionário de direito constitucional*. São Paulo: Saraiva, 1994.

BECCARIA, Cesare. *Dos delitos e das penas*. Ridendo Castigat Mores, 1764. Disponível em: www.jahr.org. Acesso em: 27 jul. 2022 (*ebook*).

BOBBIO, Norberto. *Teoria da norma jurídica*. Trad. Fernando Pavan Baptista e Ariani Bueno Sudatti. Bauru: Edipro, 2001.

BONAVIDES, Paulo. *Do Estado Liberal ao Estado Social*. 6. ed. São Paulo: Malheiros, 1996.

BRANCHER, Paulo. Direito da concorrência e propriedade intelectual: da inovação tecnológica ao abuso de poder. São Paulo: Singular, 2010.

BRASIL. Poder Executivo. Ministério da Justiça e Segurança Pública. Conselho Administrativo de Defesa Econômica. *Serviço de Informação ao Cidadão (SIC)*. Disponível em: https://www.gov.br/cade/pt-br/acesso-a-informacao/servico-de-informacoes-ao-cidadao. Acesso em: 10 jun. 2022.

BRASIL. Poder Executivo. Ministério da Justiça e Segurança Pública. *Guia Prático do CADE*: a defesa da concorrência no Brasil. 3. ed. São Paulo: CIEE, 2007, p. 10. Disponível em: https://www.gov.br/cade/pt-br/centrais-de-conteudo/publicacoes-institucionais/documentos-da-antiga-lei/guia-pratico-do-cade. Acesso em: 2 maio 2022.

BRASIL. Poder Executivo. Ministério da Justiça e Segurança Pública. Conselho Administrativo de Defesa Econômica. *Perguntas sobre infrações à ordem econômica*. Disponível em: https://www.gov.br/cade/pt-br/acesso-a-informacao/perguntas-frequentes/perguntas-sobre-infracoes-a-ordem-economica. Acesso em: 10 fev. 2022.

BRAZUNA, José Luís Ribeiro. Defesa da concorrência e tributação. À luz do artigo 146-A da Constituição. *In*: *Série de Doutrina Tributária*, v. II. São Paulo: Quartier Latin, 2009.

BRUNA, Sérgio Varella. *O poder econômico* – e a conceituação do abuso em seu exercício. São Paulo: RT, 2001.

BUCHAIN, Luiz Carlos. *O poder económico e a responsabilidade civil concorrencial*. Porto Alegre: Nova Prova, 2006.

BUENO, Eduardo. *Náufragos, traficantes e degredados*: as primeiras expedições ao Brasil, 1500-1531. Rio de Janeiro: Objetiva, 1998.

CABRAL, Mário André Machado. *A construção do antitruste no Brasil*: 1930-1964. São Paulo: Singular, 2020.

CADE. Notícias. *Superintendência Geral do Cade institui unidade especializada em investigar condutas unilaterais*. Disponível em: https://www.gov.br/cade/pt-br/assuntos/noticias/superintendencia-geral-do-cade-institui-unidade-especializada-em-investigar-condutas-unilaterais. Acesso em: 10 jun. 2022.

CAMINHA, Uinie; INGLEZ DE SOUZA, Ricardo Noronha. Direito da concorrência e direito comercial – qual a relação? *In: Revista Semestral de Direito Empresarial*, Rio de Janeiro, v. 27, n. 2, p. 1-22, jul.-dez. 2020.

CANOTILHO, José Joaquim Gomes. *Direito constitucional e teoria da Constituição*. 7. ed. Coimbra: Almedina, 2003.

CARRERA-FERNANDEZ, José. *Curso básico de microeconomia*. Salvador: EDUFBA, 2009.

CARVALHO, José Mauricio de. Sobre comunidade. *In: Saberes Interdisciplinares,* Revista do Instituto de Ensino Superior Presidente Tancredo Neves, ano 10, n. 19, jan.-jun. 2017.

CARVALHO, Gabriela; VASCONCELOS, Silvinha. Análise da concentração do mercado brasileiro de telefonia móvel. *Revista de Defesa da Concorrência*, Brasília, v. 8, n. 1, p. 47-71, 2020. Disponível em: https://revista.cade.gov.br/index.php/revistadedefesadaconcorrencia/article/view/468. Acesso em: 10 maio 2022.

CASTRO FILHO, Sebastião de Oliveira. Liberdade de investigação e responsabilidade ética, jurídica e bioética. In: SANTOS, Maria Celeste Cordeiro Leite (org.). Biodireito: ciência da vida, os novos desafios. São Paulo: RT, 2001.

CHILE. Fiscalia Nacional Economica. DLC aplica multa de US$ 9 millones a navieras que integraron cartel del transporte marítimo de vehículos hacia Chile. 24 abr. 2019. Disponível em: https://www.fne.gob.cl/tdlc-aplica-multa-de-us-9-millones-a-navieras-que-integraron-cartel-del-transporte-maritimo-de-vehiculos-hacia-chile/. Acesso em: 2 fev. 2022.

CHUDZIJ, Luísa Fófano. Políticas públicas: princípio da eficiência e a responsabilidade do agente público. Curitiba: Appris, 2020.

CHURCHMAN, Charles West. Introdução a teoria dos sistemas. Trad. Francisco M. Guimarães. 2. ed. Petrópolis/RJ: Vozes, 2015.

COASE, Ronald Harry. The firm, the market and the law. Chicago: The University of Chicago Press, 1990.

COELHO, Fábio Ulhoa. Direito antitruste brasileiro: comentários à Lei n. 8.884/1994. São Paulo: Saraiva, 1995.

_______________. Princípios do direito comercial: com anotações ao Projeto de Código Comercial. São Paulo: Saraiva, 2012.

_______________. Curso de direito comercial. v. 1. São Paulo: Thomson Reuters Brasil, 2021.

COLOMA, German. Defensa de la competencia: análisis económico comparado. Buenos Aires-Madri: Ciudad Argentina, 2003.

COMMISSION OF THE EUROPEAN COMMUNITIES. Communication from the Commission: Guidance on the Commission´s Enforcement Priorities in Applying Article 82 EC Treaty to Abusive Exclusionary Conduct by Dominant Undertakings. Bruxelas, 3 de dezembro de 2008.

COMMONS, John R. Legal foundations of capitalism. New Jersey: The Lawbook Exchange Ltd., 2006.

COMPARATO, Fábio Konder. O indispensável direito econômico. Revista dos Tribunais, São Paulo, v. 101, n. 923, p. 37-52, 2012.

CONNOR, John M; LANDE, Robert H. The size of cartel overcharges: implications for U.S. and E.U. fining policies. In: The Antitrust Bulletin, v. 51, n. 4, 2006.

CONNOR, John M. Our customers are our enemies: the lysine cartel of 1992-1995. Review of Industrial Organization, v. 18, n. 1, 2001.

_______________. Cartels costly for customers: World Bank conference on income distribution. Conference Paper, 2015.

CONTI, Thomas V. Análise de impacto regulatório: razões e consequências. In: ARAÚJO, Luiz Nelson Porto; DUFLOTH, Rodrigo V. (org.). Ensaios em law & economics. São Paulo: LiberArs, 2019.

CRUZ, André Santa. Direito empresarial. Salvador: JusPodivm, 2021.

DAN, Wei. A Lei Antimonopólio da China e o seu regime de controle de concentração. Revista Direito GV, v. 8, n. 1, São Paulo, jan.-jun. 2012.

DOMINGUES, Juliana Oliveira; GABAN, Eduardo Molan. Livre-iniciativa, livre-concorrência e democracia: valores constitucionais indissociáveis do direito antitruste? In: NUSDEO, Fábio (coord.). A ordem econômica constitucional. São Paulo: Thomson Reuters Brasil, 2020.

ELLERY JÚNIOR, Roberto; NASCIMENTO JUNIOR, Antônio; SACHSIDA, Adolfo. Avaliando o impacto do programa de sustentação do investimento na taxa de investimento da economia brasileira. In: Texto para discussão – Instituto de Pesquisa Econômica Aplicada. Brasília/Rio de Janeiro: Ipea, 1990.

ESTADO DE MINAS. Economia. BNDES articulou consolidação dos frigoríficos. 26 mar. 2017. Disponível em: https://www.em.com.br/app/noticia/economia/2017/03/26/internas_economia,857261/bndes-articulou-consolidacao-dos-frigorificos.shtml. Acesso em: 10 maio 2022.

EUROPEAN COMMISSION. Mr Mario Monti member of the European Commission in charge of competition fighting cartels why and how? Why should we be concerned with cartels and collusive behaviour? 3rd

Nordic Competition Policy Conference Stockholm, 11-12 September 2000. Disponível em: https://ec.europa.eu/commission/presscorner/detail/en/SPEECH_00_295. Acesso em: 2 fev. 2022.

EUROPEAN COMMISSION. Information from European Union Institutions, Bodies, Offices and Agencies. Communication from the Commission. *Guidelines on market analysis and the assessment of significant market power under the EU regulatory framework for electronic communications networks and services*. Disponível em: https://eur-lex.europa.eu/legal-content/EN/TXT/PDF/?uri=CELEX:52018XC0507(01)&rid=7. Acesso em: 1 maio 2022.

EUROPEAN COMMISSION. *Directorate-General for Competition, the competition rules for supply and distribution agreements*: competition policy in Europe, publications office, 2013. Disponível em: https://data.europa.eu/doi/10.2763/67458. Acesso em: 10 mar. 2022.

FAGUNDES, Jorge. Eficiência econômica em análise antitruste. *In*: GILBERTO, André Marques; CAMPILONGO, Celso Fernandes; VILELA, Juliana Girardelli (org.). *Concentração de empresas no direito antitruste brasileiro*: teoria e prática dos atos de concentração. São Paulo: Singular, 2011.

_______________. *Fundamentos econômicos das políticas de defesa da concorrência* – eficiência econômica e distribuição de renda em análise antitruste. São Paulo: Singular, 2003.

FAGUNDES JUNIOR, José Cabral Pereira. Limites da ciência e o respeito à dignidade humana. *In*: SANTOS, Maria Celeste Cordeiro. *Biodireito*: ciência da vida, os novos desafios. São Paulo: RT, 2001.

FALCO, Guilherme de Aguiar. *Índices de política de concorrência*: avaliação do caso brasileiro. Dissertação (Mestrado). Universidade Federal de São Carlos, 2014.

FARIA, Walter R. *Constituição econômica* – liberdade de iniciativa e de concorrência. Porto Alegre: Sergio Antonio Fabris, 1999.

FAUSTO, Boris. *História do Brasil*. São Paulo: Edusp, 2013.

FERNANDES, Adaucto. *Teoria geral dos conflitos de leis*. Rio de Janeiro: A. Coelho Branco Filho, 1964.

FERRAZ, Sérgio; DALLARI, Adilson Abreu. *Processo administrativo*. 2. ed. São Paulo: Malheiros, 2007.

FERRAZ JUNIOR, Tercio Sampaio. *Teoria da norma jurídica*: ensaio de pragmática da comunicação normativa. Rio de Janeiro: Forense, 2000.

______________. Valorização do trabalho humano – cf. art. 170. *In*: NUSDEO, Fábio (coord.). *A ordem econômica constitucional*: estudos em celebração ao 1º centenário da Constituição de Weimar. São Paulo: Thomson Reuters, 2019.

______________. A concentração econômica e fiscalização administrativa (entendimento do art. 74 da Lei n. 4.137/1962, segundo a redação do art. 13 da Lei n. 8.158/1991). *In*: *Revista de Direito Administrativo*, v. 193, I-IV, I-464, Rio de Janeiro, jul.-set. 1993.

FISCHEL, Daniel R. Antitrust liability for attempts to influence government action: the basis and limits of the Noerr-Pennington Doctrine. *The University of Chicago Law Review*, v. 45, n. 1, 1977.

FONSECA, João Bosco Leopoldino da. *O cartel*: doutrina e estudo de casos. Belo Horizonte: Mandamentos, 2008.

FORBES. *America's Best And Worst Banks 2020*. Disponível em: https://www.forbes.com/sites/antoinegara/2020/01/22/americas-best-banks-2020/#56fdc4fe4392. Acesso em: 10 jun. 2020.

FORGIONI, Paula A. *Os fundamentos do antitruste*. 8. ed. São Paulo: RT, 2015.

______________. *A evolução do direito comercial brasileiro*: da mercadoria ou mercado. São Paulo: Thomson Reuters Brasil, 2021.

FRANCESCHINI, José Ignácio Gonzaga. *Introdução ao direito da concorrência*. São Paulo: Malheiros, 1996.

FRANCESCHINI, José Ignácio Gonzaga; BAGNOLI, Vicente. *Direito concorrencial*. 2. ed. São Paulo: Thomson Reuters Brasil. (Coleção Tratado de Direito Empresarial, v. 7 – coord. Modesto Carvalhosa), 2018.

FRAZÃO, Ana. *Direito da concorrência*: pressupostos e perspectivas. São Paulo: Saraiva, 2017.

FREITAS, Porfírio. Geórgia Bajer Fernandes de. Verbete Liberdade. *In*: *Dicionário de Direitos Humanos*, 2006. Disponível em: www.escola.mpu.mp.br/dicionario. Acesso em: 28 maio 2021.

FREYRE, Gilberto. *Casa-grande & senzala*: formação da família brasileira sob o regime da economia patriarcal. 19. ed. Rio de Janeiro: José Olympio, 1978.

FURTADO, Celso. *Formação econômica do Brasil*. 34. ed. São Paulo: Companhia das Letras, 2007.

FURTADO, Regis Munari. *Presunção de inocência e execução provisória da pena*: evolução do tema no Supremo Tribunal Federal a partir da Constituição de 1988. Dissertação (Mestrado em Direito), Pontifícia Universidade Católica de São Paulo (PUC-SP), São Paulo, 2019.

G1. Economia. *Lucro da Ambev mais do que dobra no 1º trimestre e atinge R$ 2,7 bilhões*. 6 maio 2021. Disponível em: https://g1.globo.com/economia/noticia/2021/05/06/lucro-da-ambev-mais-que-dobra-no-1o-trimestre-e-atinge-r-27-bilhoes.ghtml. Acesso em: 6 maio 2022.

GABAN, Eduardo Molan; DOMINGUES, Juliana Oliveira. *Direito antitruste*: o combate aos cartéis. São Paulo: Saraiva, 2009.

GAL, Michal S. *et al*. *The economic characteristics of developing jurisdictions*: their implications for competition law. Northampton: Edward Elgar Publishing Limited, 2015.

GICO JUNIOR, Ivo Teixeira. *Cartel:* teoria unificada da colusão. São Paulo: Lex, 2006.

GILBERTO, André Marques. *O processo antitruste sancionador*: aspectos processuais na repressão das infrações à concorrência no Brasil. São Paulo: Lex, 2010.

GOB. PE. *En primera instancia, el Indecopi sanciona al "cártel de la construcción" integrado por 33 empresas constructoras y 26 ejecutivos*. 18 nov. 2021. Disponível em: https://www.gob.pe/institucion/indecopi/noticias/558893-en-primera-instancia-el-indecopi-sanciona-al-cartel-de-la-construccion-integrado-por-33-empresas-constructoras-y-26-ejecutivos. Acesso em: 5 fev. 2022.

GOLDBERG, Daniel K. *Poder de compra e política de antitruste*. São Paulo: Singular, 2006.

GRAU, Eros Roberto. *A ordem econômica na Constituição de 1988*. 17. ed. São Paulo: Malheiros, 2015.

HABERMAS, Jürgen. *Mudança estrutural da esfera pública*: investigações quanto a uma categoria da sociedade burguesa. Trad. Flávio R. Kothe. Rio de Janeiro: Tempo Brasileiro, 1984.

HAGGARD, Howard W. *Devils, drugs and doctors*: the story of the science of healing from medicine-man to doctor. New York, Pocket Book n. 146.816.935, 1941.

HEALEY, Deborah. Abuse of dominance. *In: Global Dictionary of Competition Law*. Concurrences, Art. n. 20101. Disponível em: https://www.concurrences.com/en/dictionary/abuse-of-dominant-position-en. Acesso em: 3 maio 2022.

HEYER, Ken. A world of uncertainty: economics and the globalization of antitrust. *In*: *Antitrust Law Journal*, v. 72, n. 2. American Bar Association, 2005.

HILTON, Rodney; DOBB, Maurice; SWEEZY, Paul *et al*. *A transição do feudalismo para o capitalismo*. 5. ed. Rio de Janeiro: Paz e Terra, 1977.

HOBSBAWM, Eric. *Da Revolução Industrial Inglesa ao Imperialismo*. 5. ed. Rio de Janeiro: Forense, 2003.

HOLANDA, Sérgio Buarque de. *Raízes do Brasil*. 37. ed. São Paulo: Companhia das Letras, 2014.

HONDURAS. *Comisión para la defensa y promoción da la competencia*. En honor del día Nacional de la Libre Competencia: CDPC desarrolla foro sobre competencia y seguridad alimentaria en Honduras. 8 jul. 2015. Disponível em: https://www.cdpc.hn/?q=www.foro_sem_com2015. Acesso em: 10 maio 2022.

HOVENKAMP, Hebert. *The antitrust enterprise*: principle and execution. Cambridge/Londres: Harvard University Press, 2005.

HUGON, Paul. *História das doutrinas econômicas*. 7. ed. São Paulo: Atlas, 1942.

HUNGRIA, Nelson. *Dos crimes contra a economia popular e das vendas a prestações com reserva de dominio*. Rio de Janeiro: Liv. Jacintho, 1939.

HUSEK, Carlos Roberto. *Curso de direito internacional público*. 16. ed. São Paulo: LTr, 2021.

INGLEZ DE SOUSA, Júlio Seabra. *Uvas para o Brasil*. Piracicaba: FEALQ, 1996.

INGLEZ DE SOUZA, Ricardo. Associações setoriais e o caso dos cimentos. *In:* ANDERS, Eduardo Caminati; RIBAS, Guilherme Favaro Corvo; VILLELA, Mariana; CRISTOFARO, Pedro Paulo Salles; BAGNOLI, Vicente (coord.). *5 anos lei de defesa da concorrência*: gênese, jurisprudência e desafios para o futuro. São Paulo: IBRAC, 2017.

INGRAM, John K. *A history of political economy*. Londres: Cambridge University Press, 2013 (publicação original de 1888).

INTERNATIONAL BAR ASSOCIATION (IBA*). The concept of "abuse" of a dominant position under Article 82 EC*: recent developments in relation to pricing. Auckland, IBA, 18 out. 2004.

INTERNATIONAL COMPETITION NETWORK. *Report on building blocks for effective anti-cartel regimes*, 2005. Disponível em: https://www.internationalcompetitionnetwork.org/portfolio/building-blocks-report/. Acesso em: 2 fev. 2022.

IRTI, Natalino. A ordem jurídica do mercado. *Revista de Direito Mercantil, Industrial, Econômico e Financeiro*. São Paulo, [s. l.], n. 145, p. 44-49, 2007.

JOHNSON, Hugh. *A história do vinho*. Trad. Hildegard Feist. São Paulo: Companhia das Letras 1999.

JORDÃO, Eduardo Ferreira. *Restrições regulatórias à concorrência*. Belo Horizonte: Fórum, 2009.

KELSEN, Hans. *Teoria pura do direito*. Trad. João Baptista Machado. São Paulo: Martins Fontes, 1985.

KEYNES, John Neville. *The scope and method of political economy*. Nova Iorque: Augustus M. Kelley, 1963 (publicação original de 1890).

KIRZNER, Israel M. *Market theory and the price system*. Indianapolis: Liberty Found, 2013 (versão original de 1963).

KNIGHT, Frank Hyneman. *Risk, uncertainty and profit*. Chicago: Martino Fine Books, 2014 (versão original de 1921).

______________. *The ethics of competition and other essays*. Mansfield: Martino Publishing, 2014.

KUPFER, David; HASENCLEVER, Lia. *Economia industrial*: fundamentos teóricos e práticas no Brasil. 2. ed. São Paulo: GEN Atlas, 2012.

LA ESTRELLA DE PANAMÁ. *X Día Nacional de la Libre Competencia en Panamá*. Por: Joancy Chávez. 20 jan. 2020. Disponível em: https://www.laestrella.com.pa/economia/200120/x-dia-nacional-libre-competencia. Acesso em: 10 maio 2022.

LEE, Yun Ki. *Fecho reflexivo na dignidade*: função da livre iniciativa de promover o bem de todos. São Paulo: Dialética, 2021.

LEVENSTEIN, Margaret C.; SUSLOW, Valerie Y. What determines cartel success? *Journal of Economic Literature*, v. 44, n. 1, mar. 2006.

LIMA, Marcos André de Mattos. Detecção e efeitos de cartéis: evidências econômicas. *In*: MATTOS, César (org.). ***A revolução do antitruste no Brasil***: a era dos cartéis. São Paulo: Singular, 2018.

LUHMAN, Niklas. *Sistemas sociais*: esboço de uma teoria geral. Trad. COSTA, Antonio C. Luz;; TORRES JUNIOR, Roberto Dutra; CASANOVA, Marco Antonio dos Santos. Rio de Janeiro: Vozes, 2016.

MAGALHÃES, Agamemnon. *Abuso do poder econômico*: projeto de lei regulando a aplicação do art. 148 da Constituição da República. Recife: Edições Folha da Manhã, 1949.

MAGALHÃES, Guilherme Canedo de. *O abuso do poder econômico*: apuração e repressão. Rio de Janeiro: Artenova, 1975.

MARQUESI, Sueli Cristina; CARDOSO, Onésimo de Oliveira. Entrevista com William Saad Hossne. *In*: A ética no século XXI – uma abordagem multidisciplinar. *Revista Unicsul*, ano V, n. 7, dez. 2000.

MARSON, Michel Deliberali. O Plano de Metas e a estrutura empresarial e financeira da indústria de máquinas e equipamentos no Brasil: Dedini e Romi, 1955-1961. *Economia e Sociedade*, v. 27, n. 2, 2018, p. 663-690 (*online*). Disponível em: https://doi.org/10.1590/1982-3533.2017v-27n2art11. Acesso em: 29 jul. 2022.

MARTINEZ, Ana Paula. *Repressão a cartéis*: interface entre direito administrativo e direito penal. São Paulo: Singular, 2013.

MAZZUCATO, Mariana. *O valor de tudo*: produção e apropriação na economia global. Trad. Camilo Adorno e Odorico Leal. São Paulo: Portfólio-Penguin, 2020.

MEXICO. *Primera Década de La Comisión Federal de Competencia*. Fernando Sánchez Ugarte, Pascual García Alba Induñate Javier Aguilar Álvarez de Alba, Fernando Heftye Etienne, Martín Moguel Gloria, Sergio Sarmiento Fernández de Lara. Disponível em: https://www.cofece.mx/wp-content/uploads/2018/05/LA-PRIMERA-DECADA-DE-LA-COMISION-FEDERAL-DE-COMPETENCIA.pdf. Acesso em: 2 fev. 2022.

MILL, John Stuart. *On the definition of political economy, and of the method of investigation proper to it*. Londres: London and Westminster Review, 1836 (reimpresso em 1844).

MONTI, Giorgio. EU Competition Law and the Rule of Reason Revisited. *TILEC Discussion Paper DP 2020-021*. Tilburg University, 2020.

MONTORO, André Franco. *Introdução à ciência do direito*. 23 ed. São Paulo: RT, 1995.

MOUALLEM, Pedro Salomon Bezerra; COUTINHO, Diogo Rosenthal. Arquitetura de mercados como processo social: trazendo o direito para a sociologia econômica institucionalista. *Revista Brasileira de Sociologia*. Sergipe, v. 9, n. 22, p. 111-144, maio-ago. 2021.

MUNGIOLI, Rafael Palma. *O desenvolvimentismo possível*: política de campeões nacionais e a inserção internacional do Brasil em inícios do século XXI. Dissertação (Mestrado em Economia Política Internacional), Universidade Federal do Rio de Janeiro (UFRJ), Rio de Janeiro, 2019.

NEDER, Euler E.; BACIC, Miguel J.; SILVA, Ana L. G. da. *O mercado brasileiro de resinas termoplásticas*: concentração de mercado na cadeia produtiva e de fornecimento. Disponível em: https://www.ipen.br/biblioteca/cd/cbpol/2009/PDF/584.pdf. Acesso em: 9 maio 2022.

NUSDEO, Ana Maria de Oliveira. *Defesa da concorrência e globalização econômica*: o controle da concentração de empresas. São Paulo: Malheiros, 2002.

NUSDEO, Fábio. *Curso de economia*: introdução ao direito econômico. Prefácio: Tercio Sampaio Ferraz Junior. São Paulo: RT, 1997.

______________. A ordem econômica constitucional: origem, evolução e principiologia. *In*: NUSDEO, Fábio (coord.). *A ordem econômica constitucional*: estudos em celebração ao 1º centenário da Constituição de Weimar. São Paulo: Thomson Reuters, 2019.

O TEMPO. *Brasil tem 200 milhões de 'trouxas' explorados por seis bancos, afirma Guedes*. 9 maio 2022. Disponível em: https://www.otempo.com.br/economia/brasil-tem-200-milhoes-de-trouxas-explorados-por-seis-bancos-afirma-guedes-1.2335409. Acesso em: 29 maio 2022.

OCDE. *Diretrizes para elaboração e implementação de política de defesa da concorrência*. Trad. Fabíola Moura e Priscila Akemi Beltrame. Revisão técnica: John Ferençz McNaughton. São Paulo: Singular, 2003.

OCDE. *Fighting hard-core cartels*: harm, effective sanctions and leniency programmes, 2002.

OCDE. *Revisão por Pares da OCDE sobre Legislação e Política de Concorrência*: Brasil, 2019. Disponível em: www.oecd.org/daf/competition/oecd-peer-reviews-of-competition-law-andpolicy-brazil-2019.htm. Acesso em: 28 jul. 2022.

OEA. *Declaração Universal dos Direitos Humanos*. Disponível em: https://www.oas.org/pt/cidh/expressao/showarticle.asp?artID=163&lID=4. Acesso em: 15 mar. 2022.

OECD Legal Instruments. *Recommendation of the council concerning effective action against hard core cartels*. Disponível em: https://legalinstruments.oecd.org/en/instruments/OECD-LEGAL-0452. Acesso em: 2 fev. 2022.

OECD. *Legal Instruments*. Disponível em: https://legalinstruments.oecd.org/en/instruments/OECD-LEGAL-0452. Acesso em: 2 fev. 2022.

OECD. *A OCDE e o Brasil*: uma relação mutuamente benéfica. Disponível em: https://www.oecd.org/latin-america/paises/brasil-portugues/. Acesso em: 10 fev. 2022.

OECD. *Recommendation of the Council concerning Effective Action against Hard Core Cartels,* 1998. Disponível em: https://legalinstruments.oecd.org/en/instruments/OECD-LEGAL-0294. Acesso em: 2 fev. 2022.

OECD. Policy Brief. *Competition and Barriers to Entry*. Jan. 2007. Disponível em: https://www.oecd.org/competition/mergers/37921908.pdf. Acesso em: 2 jun. 2022.

OLIVEIRA, Alessandro Vinícius Marques de; MACHADO, Eduardo Luiz; OLIVEIRA, Gesner; FUJIWARA, Thomas. Avaliação de cartéis: o caso das pedras britadas. *In*: MATTOS, César. *A revolução do antitruste no Brasil 2*: a teoria econômica aplicada a casos concretos. São Paulo: Singular, 2008.

OLIVEIRA, Luís Valente de; RICUPERO, Rubens (org.). *A abertura dos portos*. São Paulo: Senac, 2007.

PACHECO, Thaise Maria Neves Duarte. *Concentração bancária no Brasil*: à luz dos princípios da livre concorrência e da defesa do consumidor. Curitiba: Juruá, 2020.

PAIXÃO, Cristiano; BIGLIAZZI, Renato. *História constitucional inglesa e norte-americana*: do surgimento à estabilização da forma constitucional. Brasília: UNB/Finatec, 2008.

PARAGUAI. *La CONACOM invita al Día Nacional de la Competencia 2021*. 23 set. 2021. Disponível em: https://www.conacom.gov.py/noticias/la-conacom-invita-al-dia-de-la-competencia-2021. Acesso em: 10 maio 2022.

PEREIRA NETO, Caio Mário da Silva; CASAGRANDE, Paulo Leonardo. *Direito concorrencial*. São Paulo: Saraiva, 2016 (Coleção Direito Econômico – coord. Fernando Herren Aguillar).

PERSKY, Joseph. Retrospectives: the ethology of *homo economicus*. *The Journal of Economic Perspectives*, v. 9, n. 2, 1995. Disponível em: http://www.jstor.org/stable/2138175. Acesso em: 10 mar. 2022.

PETIT, Nicolas. *Big tech & the digital economy*: the moligopoly scenario. Oxford: Oxford University Press, 2020.

PINDYCK, Robert S.; RUBINFELD, Daniel L. *Microeconomia*. Trad. Daniel Vieira. 8. ed. São Paulo: Person Education do Brasil, 2013.

PINEDA, Jesús Alfonso Soto; ALMANZA, Camilo Pabón. *La participación de un "no competidor" en un cartel*: experiencias comparadas de Estados Unidos, la Unión Europea y Colombia. The participation of a "non-competing actor" in a cartel: comparative experiences of the United States, the European Union and Colombia. Disponível em: https://revistas.uexternado.edu.co/index.php/derest/article/view/5671/7389. Acesso em: 5 fev. 2022.

PODER 360. *Produção brasileira de cerveja sobe 2,9 pontos em 2020 e retoma patamar de 2014*. Por: Marina Barbosa. 22 ago. 2021. Disponível em: https://www.poder360.com.br/economia/producao-brasileira-de--cerveja-sobe-29-pontos-em-2020-e-retoma-patamar-de-2014/. Acesso em: 5 maio 2022.

PONDÉ, José Luiz (coord.). Custos de transação e inovações institucionais. *Texto para Discussão*, 38, IE/UNICAMP, 1994.

PORTER, Michael E. *Estratégia competitiva*: técnicas para análise de indústrias e da concorrência. Trad. Elizabeth Maria de Pinho Braga. 7. ed. Rio de Janeiro: Campus, 1986.

POSNER, Richard A. *Antitrust law*. 2. ed. Chicago: The University of Chicago Press, 2001.

_______________. *Para além do direito*. São Paulo: Martins Fontes, 2021.

_______________. *A economia da justiça*. Trad. Evandro Ferreira e Silva. São Paulo: Martins Fontes, 2010.

_______________. Natural monopoly and its regulation. *In: Stanford Law Review*, v. 21, n. 3, 1969.

RAMOS, André Luiz Santa Cruz. *Os fundamentos contra o antitruste*. Rio de Janeiro: Forense, 2015.

______________. *Direito empresarial*. Salvador: JusPodivm, 2021.

REALE, Miguel. *Filosofia do direito*. 19. ed. São Paulo: Saraiva, 1999.

RIBAS, Guilherme Favaro Corvo. *Direito antitruste e propriedade intelectual*: uma abordagem sob a ótica das vendas casadas. São Paulo: Singular, 2011.

RIBEIRO, Darcy. *O povo brasileiro*: a formação e o sentido do Brasil. 3. ed. São Paulo: Global, 2005.

ROCKEFELLER, Edwin S. *Antitrust religion*. Washington: Cato Institute, 2007.

S/A VAREJO. *BRF, JBS e M. Dias*: aumento de vendas e variações no *share*. 17 ago. 2022. Por: Alessandra Morita. Disponível em: https://www.savarejo.com.br/detalhe/reportagens/brf-jbs-e-m-dias-aumento--de-vendas-e-variacoes-no-share. Acesso em: 2 maio 2022.

SALOMÃO FILHO, Calixto. *Direito concorrencial*. 2. ed. Rio de Janeiro: Forense, 2021.

______________. *Historie critique des monopoles* – une perspective juridique et économique. Paris: LGDJ, 2010.

SANTIAGO, Igor Mauler. *Fisco não pode fechar empresas com dívidas tributárias elevadas (parte 1)*. 28 mar. 2018. Conjur. Disponível em: https://www.conjur.com.br/2018-mar-28/consultor-tributario-fisco--nao-fechar-empresas-dividas-tributarias-elevadas-parte. Acesso em: 29 jul. 2022.

______________. *Fisco não pode fechar empresas com dívidas tributárias elevadas (parte 2)*. 11 abr. 2018. Conjur. Disponível em: https://www.conjur.com.br/2018-abr-11/fisco-nao-fechar-empresas-dividas--tributarias-elevadas. Acesso em: 29 jul. 2022.

______________. *Fisco não pode fechar empresas com dívidas tributárias elevadas (parte 3)*. 9 maio 2018. Conjur. Disponível em: https://www.conjur.com.br/2018-mai-09/

consultor-tributario-fisco-nao-fechar-empresas-endividadas. Acesso em: 29 jul. 2022.

______________. *Fisco não pode fechar empresas com dívidas tributárias elevadas (parte final).* 18 jul. 2018. Conjur. Disponível em: https://www.conjur.com.br/2018-jul-18/consultor-tributario-fisco-nao-fechar-empresas-dividas-tributarias-elevadas. Acesso em: 29 jul. 2022.

SANTO AGOSTINHO. *O livre-arbítrio*. Trad. Nair de Assis Oliveira. 2. ed. São Paulo: Paulus, 1995.

SANTOS, Flávia Chiquito dos. *Aplicação de penas na repressão a cartéis*: uma análise da jurisprudência do CADE. Rio de Janeiro: Lumen Juris, 2016.

SCHUMPETER, Joseph A. *Teoria do desenvolvimento econômico*: uma investigação sobre lucros, capital, crédito, juro e o ciclo econômico. Introdução de Rubens Vaz da Costa; Trad. Maria Sílvia Possas. São Paulo: Cultura, 1982.

SCHWARTZ, Ivo E. *Antitrust legislation and policy in Germany – a comparative study*. In University of Pennsylvania Law Review. vol. 105, nº 5, 1957

______________. *Capitalism, socialism and democracy*. Nova Iorque: Happer Perennial Modern Thought, 2008.

SECURATO, José Cláudio. *Economia brasileira*: história, conceitos e atualidades. 2. ed. São Paulo: Saint Paul, 2011.

SEPRAC. Secretariaty for Productivity and Competition Advocacy. *Guidelines Competition Advocacy*: Estimating Cartel Damages. Disponível em: https://www.gov.br/fazenda/pt-br/centrais-de-conteudos/publicacoes/guias-e-manuais/estimating-cartel-damages. Acesso em: 30 maio 2022.

SERRA, José. Ciclos e mudanças estruturais na economia brasileira do pós-guerra. *Revista de Economia Política,* v. 2, n. 6, abr.-jun. 1982.

SHIEBER, Benjamin M. *Abusos do poder econômico* (Direito e experiência antitruste no Brasil e nos EUA). Prefácio de José Frederico Marques. São Paulo: RT, 1966.

SILVA, Ricardo Villela Mafra Alves da. A falácia das infrações por objeto e suas consequências para a persecução de condutas unilaterais. *In: Revista de Defesa da Concorrência*, CADE, Brasília, v. 7, n. 1, p. 69-107, 2019.

SILVA, Virgílio Afonso da. *A constitucionalização do direito*: os direitos fundamentais nas relações entre particulares. São Paulo: Malheiros, 2014.

SIMONSEN, Roberto C. *História econômica do Brasil 1500 – 1820*. 2. ed. 2. t. Série 5 – Brasiliana, v. 100. Biblioteca Pedagógica Brasileira. São Paulo: Companhia Editora Nacional, 1944.

SMITH, Adam. *An inquiry into the nature and causes of the wealth of nations*. 5. ed. London: Methuen & Co., 1904. Disponível em: http://www.econlib.org/library/Smith/smWN4.html#B.I,%20Ch.10,%20Of%20Wages%20and%20Profit%20in%20the%20Different%20Employments%20of%20Labour%20and%20Stock. Acesso em: 10 ago. 2021.

______________. *A riqueza das nações*: investigação sobre sua natureza e suas causas. São Paulo: Abril Cultural, 1983 (Coleção Os Economistas).

SMITH, Gerald. *Getting price right*: the behavioral economics of profitable pricing. Columbia University Press, 2021.

SOUZA, Pedro H. G. Ferreira de. *Uma história da desigualdade*: a concentração de renda entre os ricos do Brasil, 1926-2013. São Paulo: Hucitec/Anpocs, 2018.

SOUZA, Washington Peluso Albino de. *Primeiras linhas de direito econômico*. 6. ed. São Paulo: LTr, 2005.

STIGLER, George J. A theory of oligopoly. *Journal of Political Economy*, v. 72, n. 1, fev. 1964.

______________. *The Origin of the Sherman Act*. The Journal of Legal Studies, vol. 14, no. 1, 1985.

STOBIERSKI, Tim. *Willingness to pay*: what it is and how to calculate. Disponível em: online.hbs.edu/blog/post/willingness-to-pay. Acesso em: 03 set. 2021.

SUNSTEIN, Cass R.; VERMEULE, Adrian. *Law and Leviathan*: redeeming the administrative state. Cambridge, Massachusetts: The Belknap Press of Harvard, 2020.

SUPREME COURT OF THE UNITED STATES. *Verizon Communications vs. Law Offices of Curtis V. Trinko,* 540 U.S. 398, 408, 2004. Disponível em: https://www.law.cornell.edu/supct/pdf/02-682P.ZO. Acesso em: 2 fev. 2022.

SZTAJN, Rachel. *Teoria jurídica da empresa*: atividade empresária e mercados. São Paulo: Atlas, 2004.

TAVARES, Maria da Conceição. *Da substituição de importações ao capitalismo financeiro:* ensaios sobre economia brasileira. 4. ed. Rio de Janeiro: Zahar, 1975.

TÖNNIES, Ferdinand. Community and civil society. *In*: *Cambridge Texts in the History of Political Thought*. Londres: Cambridge University Press, 2001.

TURNER, Donald F. The definition of agreement under Sherman Act: conscious parallelism and refusals to deal. 75. *Harvard Law Review*, n. 655, 1962.

UOL. Economia. *Entenda o que é a OCDE* – "o clube dos países ricos". Por: Filipe Andretta. 10 out. 2019. Disponível em: https://economia.uol.com.br/noticias/redacao/2019/10/10/etenda-o-que-e-a-ocde-o-clube-dos-ricos.htm. Acesso em: 10 fev. 2022.

USA. Departament of Justice. *Antitrust Guidelines for the Licensing of Intellectual Property*. Issued by the U.S. Department of Justice and the Federal Trade Commission. 12 jan. 2017. Disponível em: https://www.justice.gov/atr/IPguidelines/download. Acesso em: 10 mar. 2022.

USA. Department of Justice. *Competition and monopoly*: single-firm conduct under section 2 of the Sherman Act: chapter 2, 2009. Disponível em: https://www.justice.gov/archives/atr/competition-and-monopoly-single-firm-conduct-under-section-2-sherman-act-chapter-2. Acesso em: 10 jun. 2022.

VARIAN, Hal R. *Microeconomia*: princípios básicos. 7. ed. Rio de Janeiro: Elsevier, 2006.

VAZ, Isabel. *Direito econômico da concorrência*. Rio de Janeiro: Forense, 1993.

VIANNA, Hélio. *História do Brasil*. Período Colonial, Monarquia e República. 13. ed. São Paulo: Melhoramentos, 1977.

WAISBERG, Ivo. *Direito e política da concorrência para os países em desenvolvimento*. São Paulo: Lex, 2006.

WHISH, Richard. *Competition law*. 6. ed. Londres: Oxford, 2009.

WILLIAMSON, Oliver E. The economics of organization: the transaction cost approach. *American Journal of Sociology*, v. 87, n. 3, 1981.

______________. Transaction-cost economics: the governance of contractual relations. *The Journal of Law & Economics*, v. 22, n. 2, 1979.

ZYLBERSZTAJN, Décio; SZTAJN, Rachel. *Direito e economia*: análise econômica do direito e das organizações. Rio de Janeiro: Elsevier, 2005.

Impressão e acabamento
psi7
psi7.com.br
book7
book7.com.br